무조건 따라하면 통하는

일상생활 중국어 회화 급상승

최진권(崔鎭權)

前) IT기업 중화권 해외영업
삼성전자, 삼성디스플레이 및 기업체 출강
現) 차이나知중국어 연구소 소장 / 연예인 기획사 중국어 출강
중국어 교재 집필 및 강연 / 중국어 컨설턴트 활동 및 교재연구
현재 블로그 "최PD의 차이나知연구소" 운영(www.chinag.co.kr) 중에 있으며 이곳을 통해 5,100여 명이 넘는 학습자들과 매일 소통하며 중국어 학습방법을 전파하고 공유하며 중국어 교재 연구와 집필에 힘을 쏟고 있습니다. 또한 팟캐스트(최PD의 중국어 공장 http://www.podbbang.com/ch/16757)를 통해서도 많은 분들과 소통하고 있습니다.
이메일 주소 : jkc@chinag.co.kr

주요저서

1. 중국어중등교사 영역별기출문제 (2012 / 담음교육)
2. 중국어100문장 착한 레시피 (2013 / 담음교육)
3. 100일 만에 마스터하는 한중일공용한자800 (2013 / 담음교육)
4. 성조로 배우는 중국어 (2016 / 동인랑)
5. TSC단어장1000 (2016 / 북도드리)
6. 한 문상으로 통하는 중국어표현100 (2017 / 혜지원)
7. 일상생활 5분 중국어365 (2017 / 탑메이드북)
8. 일상생활 매일 중국어 365 (2018 / 탑메이드북)

무조건 따라하면 통하는

일상생활 중국어 회화 급상승

저 자 최진권
발행인 고본화
발 행 탑메이드북
교재공급처 반석출판사
2023년 10월 5일 초판 1쇄 인쇄
2023년 10월 10일 초판 1쇄 발행
반석출판사 | www.bansok.co.kr
이메일 | bansok@bansok.co.kr
블로그 | blog.naver.com/bansokbooks

07547 서울시 강서구 양천로 583. B동 1007호
(서울시 강서구 염창동 240-21번지 우림블루나인 비즈니스센터 B동 1007호)
대표전화 02) 2093-3399 **팩 스** 02) 2093-3393
출 판 부 02) 2093-3395 **영업부** 02) 2093-3396
등록번호 제315-2008-000033호

ISBN 978-89-7172-977-9 (13720)

무조건 따라하면 통하는

일상생활 중국어 회화 급상승

탑메이드북

머리말

요즈음 중국과의 관계가 예전만큼 좋지 않지만 조금씩 관계가 회복되고 있다는 소식이 있다니 다행이라는 생각을 해봅니다. 한중관계 때문에 많은 산업현장에서 빨간불이 켜졌지만 그럴수록 더 좋은 책을 만들어 독자분들께 보여드려야 한다는 생각이 듭니다.

질문만 잘해도 답을 얻어가는 과정은 쉽지 않을까?라는 생각을 많이 해왔습니다. 그런 공식을 중국어에 대입해보면 어떨까라는 생각으로 본 교재를 집필하게 되었습니다. 질문을 잘해야 답도 잘할 수 있습니다. 질문을 잘 알아들어야 정확하게 답변을 할 수 있기 때문입니다.

이 책은 총 100개의 질문을 제시하여 다양한 질문과 그 질문에 알맞은 답변을 할 수 있도록 구성하였습니다. 100개의 질문을 총 10개의 주제로 분류하여 주제에 맞는 다양한 질문을 제시하고 그에 맞는 답변들을 소개하였습니다. 또한 대화문을 통해 실제 상황에서 질문을 어떻게 활용하고 어떻게 답변하는지를 배울 수 있도록 구성하였습니다.

본 교재가 학습자에게 중국어의 새로운 학습법이 되고 학습에 도움이 되기를 바랍니다.

마지막으로 이 책이 나올 수 있도록 도와주신 반석출판사 임직원 모두에게 감사의 마음을 전합니다. 아울러 항상 옆에서 응원해주고 지지해준 저의 아내에게도 감사하다는 말을 전하고 언제나 믿고 든든한 버팀목이 되어준 가족에게도 고마운 마음을 전합니다.

최진권

구성

이 책은 10개의 주제로 분류하여 각 주제별로 10개의 질문으로 구성하였고, 각 질문에 답변을 제시하였습니다.

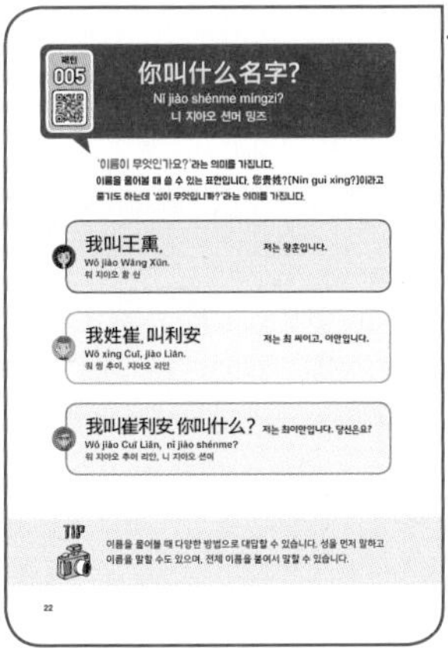

패턴 005

你叫什么名字?
Nǐ jiào shénme míngzi?
니 지아오 선머 밍즈

'이름이 무엇인가요?'라는 의미를 가집니다.
이름을 물어볼 때 쓸 수 있는 표현입니다. 您贵姓?(Nín guì xìng?)이라고 묻기도 하는데 '성이 무엇입니까?'라는 의미를 가집니다.

我叫王熏。 저는 왕쉰입니다.
Wǒ jiào Wáng Xūn.
워 지아오 왕 쉰

我姓崔，叫利安 저는 최 씨이고, 이안입니다.
Wǒ xìng Cuī, jiào Lì'ān.
워 씽 추이, 지아오 리안

我叫崔利安 你叫什么? 저는 최이안입니다. 당신은요?
Wǒ jiào Cuī Lì'ān, nǐ jiào shénme?
워 지아오 추이 리안, 니 지아오 선머

TIP 이름을 물어볼 때 다양한 방법으로 대답할 수 있습니다. 성을 먼저 말하고 이름을 말할 수도 있으며, 전체 이름을 붙여서 말할 수 있습니다.

22

질문과 답변

타이틀이 되는 질문과 그 질문에 알맞은 답변 세 가지, 그리고 해당 페이지의 주요 표현에 대한 설명을 제시하였습니다.

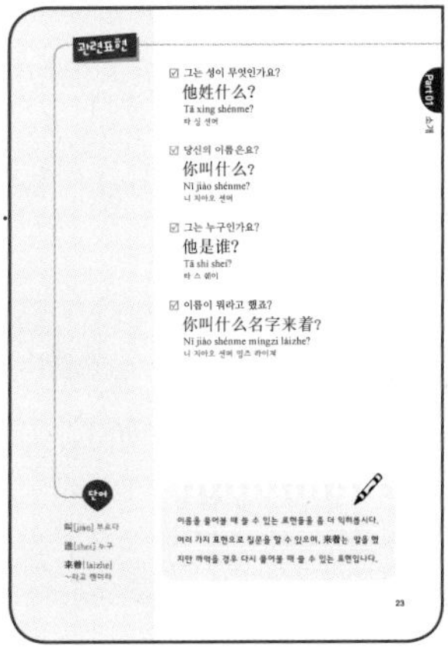

관련표현

그는 성이 무엇인가요?
他姓什么?
Tā xìng shénme?
타 싱 선머

당신의 이름은요?
你叫什么?
Nǐ jiào shénme?
니 지아오 선머

그는 누구인가요?
他是谁?
Tā shì shéi?
타 스 쉐이

이름이 뭐라고 했죠?
你叫什么名字来着?
Nǐ jiào shénme míngzi láizhe?
니 지아오 선머 밍즈 라이저

단어
叫[jiào] 부르다
谁[shéi] 누구
来着[láizhe] ~라고 했더라

이름을 물어볼 때 쓸 수 있는 표현들을 좀 더 익혀봅시다. 여러 가지 표현으로 질문을 할 수 있으며, 来着는 앞을 했지만 까먹을 경우 다시 물어볼 때 쓸 수 있는 표현입니다.

Part 01 소개

23

관련 표현

타이틀 문장과 답변에 관련된 표현들을 네 개 제시하고 해당 페이지에 사용된 주요 단어와 팁을 정리하였습니다.

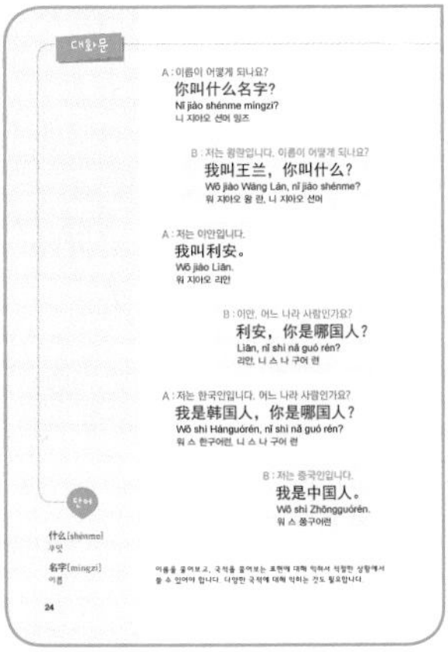

대화문

A : 이름이 어떻게 되나요?
你叫什么名字?
Nǐ jiào shénme míngzi?
니 지아오 선머 밍즈

B : 저는 왕란입니다. 이름이 어떻게 되나요?
我叫王兰，你叫什么?
Wǒ jiào Wáng Lán, nǐ jiào shénme?
워 지아오 왕 란, 니 지아오 선머

A : 저는 이안입니다.
我叫利安。
Wǒ jiào Lì'ān.
워 지아오 리안

B : 이안, 어느 나라 사람인가요?
利安，你是哪国人?
Lì'ān, nǐ shì nǎ guó rén?
리안, 니 스 나 구어 런

A : 저는 한국인입니다. 어느 나라 사람인가요?
我是韩国人，你是哪国人?
Wǒ shì Hánguórén, nǐ shì nǎ guó rén?
워 스 한구어런, 니 스 나 구어 런

B : 저는 중국인입니다.
我是中国人。
Wǒ shì Zhōngguórén.
워 스 쫑구어런

단어
什么[shénme] 무엇
名字[míngzi] 이름

이름을 물어보고, 국적을 물어보는 표현에 대해 익혀서 적절한 상황에서 쓸 수 있어야 합니다. 다양한 국적에 대해 익히는 것도 필요합니다.

24

대화문

타이틀 문장을 활용한 대화문을 싣고 사용된 주요 단어와 팁을 정리하였습니다.

목차

Part 01

소개

패턴
001

你好吗?

Nǐ hǎo ma?

니 하오 마

'잘 지내시나요?, 잘 지냈어요?'라는 의미를 가집니다.
你好!에 의문조사 吗를 써서 '잘 지내십니까?'라는 의문문이 됩니다. 주로 잘 알고 지내는 사이에 쓰며 처음 보는 사람에게 쓰는 것은 적절하지 않습니다.

我很好。

Wǒ hěn hǎo.
워 헌 하오

저는 잘 지냅니다.

我不好。

Wǒ bù hǎo.
워 뿌 하오

저는 잘 지내지 못합니다.

马马虎虎。

Mǎmǎ hǔhǔ.
마마 후후

그냥 그래요.

TIP

马马虎虎는 긍정도 부정도 아닌 것 같지만 사실은 부정에 가까운 느낌입니다. 대놓고 나쁘다고 말하기 어렵기 때문에 에둘러 말하는 경우가 있는 상황도 이해를 해야 의사소통 시 그들의 마음을 더 정확하게 알 수 있습니다.

관련표현

☑ 안녕!

你好!

Nǐ hǎo!

니 하오

☑ 안녕하세요!

您好!

Nín hǎo!

닌 하오

☑ 잘 지냈어요?

您好吗?

Nín hǎo ma?

닌 하오 마

일상생활에서 가장 많이 쓰이는 인사말들로 시간이나 장소, 신분에 관계없이 쓸 수 있습니다. 연장자나 처음 만나는 사람에게는 您好![Nín hǎo!]라고 합니다. 시간을 나타내는 단어 뒤에 好를 쓰면 '좋은 점심입니다, 좋은 저녁입니다.'라는 의미이며 가볍게 할 수 있는 인사입니다.

단어

你[nǐ] 너, 당신

대화문

A : 안녕!

你好!

Nǐ hǎo!

니 하오

B : 안녕!

你好!

Nǐ hǎo!

니 하오

A : 잘 지내?

你好吗?

Nǐ hǎo ma?

니 하오 마

B : 나는 잘 지내, 너는?

我很好, 你呢?

Wǒ hěn hǎo, nǐ ne?

워 헌 하오, 니 너

A : 나도 잘 지내.

我也很好。

Wǒ yě hěn hǎo.

워 이에 헌 하오

B : 잘 가!

再见!

Zàijiàn!

짜이지엔

단어

很[hěn] 매우

也[yě] ~도

再见[zàijiàn]
다시 만나다

你好는 그냥 가볍게 인사하는 말로, '너 좋지'라는 식입니다. 굳이 근황을 설명할 필요 없이 인사받는 당사자 역시 가볍게 **你好**라고 답하면 됩니다. **你好吗**?는 '너 요즘 어때?' 정도의 인사입니다. **我很好, 你呢**?(난 좋아, 넌?) 정도로 대답하면 됩니다.

请您介绍一下，好吗？

패턴 002

Qǐng nín jièshào yíxià, hǎo ma?

칭 닌 지에샤오 이시아, 하오 마

'소개 좀 해주시겠어요?'라는 의미입니다.
누군가와 만났을 때 소개를 하는 상황이 있습니다. 상호간에 소개를 할 때 쓸 수 있는 표현입니다.

好的，我来介绍一下。 **좋아요, 제가 소개를 할게요.**

Hǎo de, wǒ lái jièshào yíxià.

하오 더, 워 라이 지에샤오 이시아

好的，我来介绍我自己。 **좋아요, 제 소개를 할게요.**

Hǎo de, wǒ lái jièshào wǒ zìjǐ.

하오 더, 워 라이 지에샤오 워 쯔지

没问题，我自己介绍一下。 **문제없어요. 제 소개를 할게요.**

Méi wèntí, wǒ zìjǐ jièshào yíxià.

메이 원티, 워 쯔지 지에샤오 이시아

TIP

自己는 '자기, 자신'이라는 의미를 가진 인칭대명사입니다. 앞에 있는 명사나 대사를 다시 한번 가리키며, 외부의 힘이 아닌 자발적인 행위를 표시하는 데 주로 쓰이는 표현입니다.

관련표현

☑ 소개를 좀 해주세요.

请介绍一下。

Qǐng jièshào yíxià.

칭 지에샤오 이시아

☑ 간단하게 소개해주세요.

请简单介绍一下。

Qǐng jiǎndān jièshào yíxià.

칭 지엔딴 지에샤오 이시아

☑ 저의 친구를 소개 좀 하겠습니다.

我来介绍一下我的朋友。

Wǒ lái jièshào yíxià wǒ de péngyou.

워 라이 지에샤오 이시아 워 더 펑여우

☑ 우리 서로 알아가요.

我们互相认识一下。

Wǒmen hùxiāng rènshi yíxià.

워먼 후시앙 런스 이시아

단어

介绍[jièshào]
소개하다

简单[jiǎndān]
간단하다

互相[hùxiāng]
서로, 상호

认识[rènshi]
알다, 인식하다

介绍는 '소개하다'라는 의미로, 누군가에게 소개를 부탁하거나 소개를 할 때 유용하게 사용할 수 있습니다. 认识는 '알다, 인식하다'의 의미로 서로 만나서 알게 되었을 때 쓸 수 있는 표현입니다.

대화문

A : 소개 좀 해주시겠어요?

请您介绍一下，好吗？

Qǐng nín jièshào yíxià, hǎo ma?

칭 닌 지에샤오 이시아, 하오 마

B : 좋아요, 저는 최이안입니다.

好的，我叫崔利安。

Hǎo de, wǒ jiào Cuī Lìān.

하오 더, 워 지아오 추이 리안

A : 당신을 알게 돼서 기쁩니다.

我认识您很高兴。

Wǒ rènshi nín hěn gāoxìng.

워 런스 닌 헌 까오싱

B : 저도 당신을 알게 돼서 기쁩니다.

我也认识您很高兴。

Wǒ yě rènshi nín hěn gāoxìng.

워 이에 런스 닌 헌 까오싱

A : 어디에 사시나요?

您住在哪儿？

Nín zhù zài nǎr?

닌 쭈 짜이 날

B : 저는 서울에 살아요.

我住在首尔。

Wǒ zhù zài Shǒuěr.

워 쭈 짜이 쇼우얼

단어

高兴[gāoxìng]
기쁘다

首尔[shǒuěr]
서울

住[zhù] 뒤에 장소 목적어가 오면 '~에 살다'라는 표현이 됩니다. 住는 住在(zhùzài) 또는 在~住(zài~zhù)'로 바꿔쓸 수 있는데, 이 둘은 '~에 살다'라는 뜻이지만, 그 어감에 조금 차이가 있습니다. 住在는 어딘가에 '살고 있다'는 사실 자체를 강조하지만, 在~住는 '사는 곳'을 더 강조합니다.

패턴 003

你最近怎么样?

Nǐ zuìjìn zěnmeyàng?

니 쭈이진 쩐머이양

'당신은 최근에 어때요?'라는 의미입니다.
물어보는 상황에 자주 사용되며, 상대방의 의견을 구하여 사용할 수 있습니다.
물어보는 대상이 사람이 될 수도 있고, 사물이 될 수도 있습니다.

我最近很好。
Wǒ zuìjìn hěn hǎo.
워 쭈이진 헌 하오

저는 요즘 잘 지내요.

我最近不太好。
Wǒ zuìjìn bútài hǎo.
워 쭈이진 부타이 하오

저는 요즘 그다지 잘 지내지 못해요.

我最近不怎么样。
Wǒ zuìjìn bù zěnmeyàng.
워 쭈이진 뿌 쩐머이양

저는 요즘 잘 못 지냅니다.

怎么样은 '어떠하다'라는 의미이면서 의문대명사로 쓰이는데 앞에 不가 위치하면 不好와 같은 의미를 가지게 됩니다. [不太+형용사]는 '그다지 형용사 하지 못하다'라는 의미를 가집니다.

관련표현

☑ 오늘 날씨 어때요?

今天天气怎么样?

Jīntiān tiānqì zěnmeyàng?

진티엔 티엔치 쩐머이양

☑ 요즘 지내는 것 어때요?

最近过得怎么样?

Zuìjìn guò de zěnmeyàng?

쭈이진 꾸어 더 쩐머이양

☑ 오늘 기분 어때요?

你今天心情怎么样?

Nǐ jīntiān xīnqíng zěnmeyàng?

니 진티엔 신칭 쩐머이양

☑ 우리 같이 밥 먹는 것 어때요?

我们一起吃饭，怎么样?

Wǒmen yìqǐ chīfàn, zěnmeyàng?

워먼 이치 츠판, 쩐머이양

단어

今天[jīntiān] 오늘

一起[yìqǐ] 함께

吃饭[chīfàn] 밥을 먹다

怎么样을 이용한 표현을 연습해봅시다. 일상적인 상황, 날씨, 생활, 기분, 사람의 평가 등 상대방에 대해 의견을 물을 때 쓸 수 있습니다.

대화문

A : 오래간만입니다. 건강은 어떠세요?

好久不见，你身体怎么样?

Hǎojiǔ bújiàn, nǐ shēntǐ zěnmeyàng?

하오지우 부지엔, 니 션티 쩐머이양

B : 괜찮아요. 당신은요?

还行，你呢?

Hái xíng, nǐ ne?

하이 싱, 니 너

A : 오늘 저녁에 같이 밥 먹는 것 어때요?

我们今天晚上一起去吃饭怎么样?

Wǒmen jīntiān wǎnshang yìqǐ qù chīfàn zěnmeyàng?

워먼 진티엔 완샹 이치 취 츠판 쩐머이양

B : 좋은 생각입니다.

好主意。

Hǎo zhǔyì.

하오 쭈이

A : 우리 밥 먹으면서 이야기해요.

我们一边吃饭，一边聊天儿吧。

Wǒmen yìbiān chīfàn, yìbiān liáotiānr ba.

워먼 이비엔 츠판, 이비엔 리아오티얼 바

B : 좋아요!

好吧!

Hǎo ba!

하오 바

단어

怎么样[zěnmeyàng]
어떠하다, 어떻다

(一)边 ~ (一)边 은 '~하면서 (동시에) ~하다'라는 의미를 가지며 동시 동작의 상황을 말할 때 사용하면 됩니다.

他一边喝咖啡一边聊天儿。 그는 커피를 마시면서 이야기를 합니다.
[Tā yìbiān hē kāfēi yìbiān liáotiānr.]

你是韩国人吗?

Nǐ shì Hánguórén ma?

니 스 한구어런 마

패턴 004

'당신은 한국인인가요?'라는 의미입니다.
상대방의 국적을 물어볼 때 사용할 수 있습니다. 다른 국적을 대입해서 다양하게 표현할 수 있습니다.

对, 我是韩国人。 맞습니다. 저는 한국인입니다.
Duì, wǒ shì Hánguórén.
뚜이 워 스 한구어런

我不是韩国人 저는 한국인이 아닙니다.
Wǒ búshì Hánguórén.
워 부스 한구어런

对, 你是哪国人? 맞습니다. 당신은 어느 나라 사람인가요?
Duì, nǐ shì nǎ guó rén?
뚜이, 니 스 나 구어 런

TIP

국적을 물어볼 때는 你是哪国人?으로 표현할 수 있습니다. 哪는 '어느'라는 의문대명사로 사용할 수 있습니다.

관련표현

☑ 당신은 어느 나라 사람인가요?

你是哪国人?

Nǐ shì nǎ guó rén?

니 스 나 구어 런

☑ 당신은 중국인인가요?

你是中国人吗?

Nǐ shì Zhōngguórén ma?

니 스 쭝구어런 마

☑ 당신은 한국인인가요?

你是不是韩国人?

Nǐ shìbushì Hánguórén?

니 스부스 한구어런

☑ 당신은 한국인이 아닌가요?

你不是韩国人吗?

Nǐ búshì Hánguórén ma?

니 부스 한구어런 마

단어

哪[nǎ] 어느

中国人 [zhōngguórén] 중국인

韩国人 [hánguórén] 한국인

국적을 물어보는 표현들을 익혀봅시다. 是....吗?와 是不是의 형식은 의문문을 만들 때 사용할 수 있는 표현입니다. 不是...吗?는 반어문으로 물어볼 때 쓸 수 있습니다.

대화문

A : 당신은 한국인인가요?

你是韩国人吗?

Nǐ shì Hánguórén ma?

니 스 한구어런 마

B : 맞습니다, 저는 한국인입니다. 당신은요?

对，我是韩国人，你呢?

Duì, wǒ shì Hánguórén. nǐ ne?

뚜이, 워 스 한구어런, 니 너

A : 저는 중국인입니다. 성이 어떻게 돼요?

我是中国人，您贵姓?

Wǒ shì Zhōngguórén, nín guì xìng?

워 스 쭝구어런, 닌 꾸이 싱

B : 저는 박 씨입니다. 당신은요?

我姓朴，您贵姓?

Wǒ xìng Piáo, nín guì xìng?

워 씽 피아오, 닌 꾸이 싱

A : 저는 이 씨이고, 당신을 알게 되어서 기쁩니다.

免贵姓李。认识您很高兴。

Miǎn guì xìng Lǐ. Rènshi nín hěn gāoxìng.

미인 꾸이 씽 리, 런스 닌 헌 까오싱

B : 이 선생님, 당신을 알게 되어서 저도 기쁩니다.

李先生，认识您我也很高兴。

Lǐ xiānsheng, rènshi nín wǒ yě hěn gāoxìng.

리 시엔셩, 런스 닌 워 이에 헌 까오싱

단어

姓[xìng] 성

认识[rènshi]
알다, 인식하다

高兴[gāoxìng]
기쁘다

중국인과 처음 만난 자리에서 상대의 이름을 물을 때 **您贵姓**?이라고 하고, 대답은 **我姓王** 또는 **免贵**, **姓王**이라고 격식을 갖춰 말할 수 있습니다. **免**은 **贵**라는 경어에 대한 겸손의 의미를 나타냅니다.

패턴
005

你叫什么名字?

Nǐ jiào shénme míngzi?

니 지아오 션머 밍즈

'이름이 무엇인가요?'라는 의미를 가집니다.

이름을 물어볼 때 쓸 수 있는 표현입니다. 您贵姓?[Nín guì xìng?]이라고 묻기도 하는데 '성이 무엇입니까?'라는 의미를 가집니다.

我叫王熏。 저는 왕훈입니다.

Wǒ jiào Wáng Xūn.

워 지아오 왕 쉰

我姓崔, 叫利安 저는 최 씨이고, 이안입니다.

Wǒ xìng Cuī, jiào Lìān.

워 씽 추이, 지아오 리안

我叫崔利安, 你叫什么? 저는 최이안입니다. 당신은요?

Wǒ jiào Cuī Lìān, nǐ jiào shénme?

워 지아오 추이 리안, 니 지아오 션머

TIP

이름을 물어볼 때 다양한 방법으로 대답할 수 있습니다. 성을 먼저 말하고 이름을 말할 수도 있으며, 전체 이름을 붙여서 말할 수 있습니다.

관련표현

☑ 그는 성이 무엇인가요?

他姓什么?

Tā xìng shénme?

타 싱 션머

☑ 당신의 이름은요?

你叫什么?

Nǐ jiào shénme?

니 지아오 션머

☑ 그는 누구인가요?

他是谁?

Tā shì sheí?

타 스 쉐이

☑ 이름이 뭐라고 했죠?

你叫什么名字来着?

Nǐ jiào shénme míngzi láizhe?

니 지아오 션머 밍즈 라이져

단어

叫[jiào] 부르다

谁[sheí] 누구

来着[láizhe] ~라고 했더라

이름을 물어볼 때 쓸 수 있는 표현들을 좀 더 익혀봅시다. 여러 가지 표현으로 질문을 할 수 있으며, 来着는 말을 했지만 까먹을 경우 다시 물어볼 때 쓸 수 있는 표현입니다.

대화문

A : 이름이 어떻게 되나요?

你叫什么名字?

Nǐ jiào shénme míngzi?

니 지아오 션머 밍즈

B : 저는 왕란입니다. 이름이 어떻게 되나요?

我叫王兰，你叫什么?

Wǒ jiào Wáng Lán, nǐ jiào shénme?

워 지아오 왕 란, 니 지아오 션머

A : 저는 이안입니다.

我叫利安。

Wǒ jiào Lìān.

워 지아오 리안

B : 이안, 어느 나라 사람인가요?

利安，你是哪国人?

Lìān, nǐ shì nǎ guó rén?

리안, 니 스 나 구어 런

A : 저는 한국인입니다. 어느 나라 사람인가요?

我是韩国人，你是哪国人?

Wǒ shì Hánguórén, nǐ shì nǎ guó rén?

워 스 한구어런, 니 스 나 구어 런

B : 저는 중국인입니다.

我是中国人。

Wǒ shì Zhōngguórén.

워 스 쭝구어런

단어

什么[shénme]
무엇

名字[míngzi]
이름

이름을 물어보고, 국적을 물어보는 표현에 대해 익혀서 적절한 상황에서 쓸 수 있어야 합니다. 다양한 국적에 대해 익히는 것도 필요합니다.

你住在哪儿?

Nǐ zhù zài nǎr?

니 쭈 짜이 날

패턴 006

'어디에 사시나요?'라는 의미를 가집니다.
상대방의 거주지를 물을 때 쓸 수 있는 표현입니다.

我住在北京市郊。 저는 베이징 교외에 삽니다.

Wǒ zhù zài Běijīng shìjiāo.

워 쭈 짜이 뻬이징 스지아오

我住在学校宿舍里。 저는 학교 기숙사에서 삽니다.

Wǒ zhù zài xuéxiào sùshè li.

워 쭈 짜이 쉐에시아오 쑤셔 리

我住在姨妈家。 저는 이모 댁에서 삽니다.

Wǒ zhù zài yímā jiā.

워 쭈 짜이 이마 지아

TIP

[住在+ 장소명사]가 나오면 어디에 살고 있는지 묻는 표현입니다. 다양한 장소명사를 통해서 표현할 수 있습니다.

관련표현

☑ 어디 사세요?

你住哪儿?

Nǐ zhù nǎr?

니 쭈 날

☑ 집이 어디예요?

你家在哪里?

Nǐ jiā zài nǎlǐ?

니 지아 짜이 나리

☑ 집이 어디인가요?

你家在什么地方?

Nǐ jiā zài shénme dìfang?

니 지아 짜이 션머 띠팡

☑ 어디에 사시나요?

你住在什么地方?

Nǐ zhù zài shénme dìfang?

니 쭈 짜이 션머 띠팡

살고 있는 곳이 어디인지 물을 때 쓸 수 있는 표현입니다. **哪儿, 哪里, 什么地方**의 의문대명사를 사용하여 질문할 수 있습니다. 다양한 의문대명사로 물어보더라도 의미상에는 별 차이가 없습니다.

단어

住[zhù]
살다, 묵다

地方[dìfang]
곳, 장소

대화문

A : 어디에 사시나요?

你住在哪儿?

Nǐ zhù zài nǎr?

니 쭈 짜이 날

B : 저는 베이징에 살아요, 당신은요?

我住在北京，你呢?

Wǒ zhù zài Běijīng, nǐ ne?

워 쭈 짜이 뻬이징, 니 너

A : 저도 베이징에 살아요.

我也住在北京。

Wǒ yě zhù zài Běijīng.

워 이에 쭈 짜이 뻬이징

B : 베이징 어디 사시나요?

你住在北京什么地方?

Nǐ zhù zài Běijīng shénme dìfang?

니 쭈 짜이 뻬이징 션머 띠팡

A : 저는 베이징대학 유학생 기숙사에 살아요.

我住在北大留学生宿舍。

Wǒ zhù zài Běidà liúxuéshēng sùshè.

워 쭈 짜이 뻬이따 리우쉐에셩 쑤셔

B : 유학을 온 외국인이었군요.

原来你是来留学的外国人啊。

Yuánlái nǐ shì lái liúxué de wàiguórén a.

위엔라이 니 스 라이 리우쉬에 더 와이구어런 아

단어

留学生 [liúxuéshēng]
유학생

宿舍 [sùshè]
기숙사

原来 [yuánlái]
원래

原来는 몰랐던 사실을 알게 되었을 때 쓸 수 있는 표현입니다. **本来**는 이전의 상황과 달라졌을 때 쓸 수 있는 표현입니다.

패턴 007

你家有几口人?

Nǐ jiā yǒu jǐ kǒu rén?
니 지아 여우 지 코우 런

'식구가 몇 명이에요?'라는 의미를 가집니다.
가족의 구성원에 대해 물을 때 쓸 수 있는 표현으로, 口는 식구의 양사로 쓰입니다.

我家有三口人 저는 세 식구가 있습니다.
Wǒ jiā yǒu sān kǒu rén.
워 지아 여우 싼 커우 런

就我一个人 저 혼자입니다.
Jiù wǒ yí ge rén.
지우 워 이 거 런

我家有三口人，爸爸、妈妈和我。 저는 세 식구고, 아빠, 엄마, 저입니다.
Wǒ jiā yǒu sān kǒu rén, bàba māma hé wǒ.
워 지아 여우 싼 커우 런, 빠바, 마마, 흐어 워

TIP

几는 '몇'이라는 의문대명사로 10 이하의 숫자를 표현할 때 쓸 수 있습니다.
10 이상을 표현할 때는 多少를 사용할 수 있습니다.

관련표현

☑ 저희 집에는 다섯 식구가 있습니다.

我家有五口人。

Wǒ jiā yǒu wǔ kǒu rén.

워 지아 여우 우 코우 런

☑ 총 몇 명인가요?

一共有几个人？

Yígòng yǒu jǐ ge rén?

이꽁 여우 지 거 런

☑ 총 몇 명인가요?

一共有多少人？

Yígòng yǒu duōshao rén?

이꽁 여우 뚜어샤오 런

☑ 저희 집은 대가족입니다.

我家是大家庭。

Wǒ jiā shì dàjiātíng.

워 지아 스 따지아팅

단어

一共[yígòng]
총, 합계

大家庭
[dàjiātíng] 대가족

小家庭[xiǎo jiātíng]은 대가족의 반대개념으로 소가족(핵가족)이라는 의미입니다.

대화문

A : 몇 식구인가요?

你家有几口人?

Nǐ jiā yǒu jǐ kǒu rén?

니 지아 여우 지 코우 런

B : 저희는 세 식구입니다.

我家有三口人。

Wǒ jiā yǒu sān kǒu rén.

워 지아 여우 싼 코우 런

A : 구성원이 어떻게 되나요?

你家都有什么人?

Nǐ jiā dōu yǒu shénme rén?

니 지아 또우 여우 션머 런

B : 아빠, 엄마, 저입니다. 당신은요?

爸爸、妈妈和我，你家呢?

Bàba, māma hé wǒ, nǐ jiā ne?

빠바, 마마 흐어 워, 니 지아 너

A : 아빠, 엄마, 형, 그리고 저입니다.

爸爸、妈妈、哥哥和我。

Bàba, māma, gēge hé wǒ.

빠바, 마마, 꺼거 흐어 워

B : 아버지, 어머니는 무슨 일을 하시나요?

你爸爸、妈妈做什么工作?

Nǐ bàba,māma zuò shénme gōngzuò?

니 빠바, 마마 쭈어 션머 꽁쭈어

단어

都[dōu] 모두

哥哥[gēge]
형, 오빠

工作[gōngzuò]
일, 일하다

가족의 수와 구성원에 대한 표현, 가족 구성원에 대한 명칭과 무슨 일을 하는지를 학습할 수 있습니다.

你家有什么人?

Nǐ jiā yǒu shénme rén?
니 지아 여우 션머 런

패턴 008

'가족은 어떤 사람들이 있나요?'라는 의미입니다.
가족 구성원은 누가 있는지 물어볼 때 쓸 수 있는 표현입니다. 요즘은 소가족으로 살기 때문에 이런 질문은 많이 하지 않는 편입니다.

我家有爷爷、奶奶、爸妈和我。
Wǒ jiā yǒu yéye, nǎinai, bà mā hé wǒ.
워 지아 여우 이에이에, 나이나이, 빠 마 흐어 워
저희 집에는 할아버지, 할머니, 아빠, 엄마, 제가 있습니다.

现在就我一个人。
Xiànzài jiù wǒ yí ge rén.
시엔짜이 지우 워 이 거 런
지금 저 혼자입니다.

我家有爸爸、妈妈、和我。
Wǒ jiā yǒu bàba, māma, hé wǒ.
워 지아 여우 빠바, 마마, 흐어 워
저희 집에는 아빠, 엄마, 제가 있습니다.

TIP

가족 구성원에 대한 표현을 학습할 수 있습니다. 요즘은 1인 가정이 많기 때문에 그에 대한 표현도 익힐 수 있습니다.

관련표현

☑ 저는 외동아들입니다.

我是独生子。

Wǒ shì dúshēngzǐ.

워 스 두셩즈

☑ 저는 외동딸입니다.

我是独生女。

Wǒ shì dúshēngnǚ.

워 스 두셩뉘

☑ 저는 혼자 삽니다.

我一个人住。

Wǒ yí ge rén zhù.

워 이 거 런 쭈

☑ 저희 엄마는 가정주부입니다.

我妈妈是家庭主妇。

Wǒ māma shì jiātíng zhǔfù

워 마마 스 지아팅 주푸

단어

独生女
[dúshēngnǚ]
외동딸

家庭主妇
[jiātíngzhǔfù]
가정주부

가족에 대해 소개할 때 쓸 수 있는 표현입니다. 요즘은 대가족보다 소가족으로 사는 사람이 많으며 자녀도 보통 혼자인 경우도 많기 때문에 그와 관련된 표현이 자주 사용되니 중점적으로 익혀봅시다.

대화문

A : 가족 구성원이 어떻게 되나요?

你家有什么人?

Nǐ jiā yǒu shénme rén?

니 지아 여우 션머 런

B : 아빠, 엄마, 여동생, 저입니다. 당신은요?

有爸爸、妈妈、妹妹和我 你呢?

Yǒu bàba, māma, mèimei hé wǒ, nǐ ne?

여우 빠바, 마마, 메이메이 흐어 워, 니 너

A : 아빠, 엄마, 저입니다. 부럽네요.

爸爸、妈妈和我。我真羡慕你!

Bàba, māma hé wǒ. Wǒ zhēn xiànmù nǐ!

빠바, 마마 흐어 워. 워 쩐 시엔무 니

B : 뭐가 부러워요?

羡慕我什么?

Xiànmù wǒ shénme?

시엔무 워 션머

A : 저는 형제자매가 없어서, 외롭거든요.

因为我没有兄弟姐妹，觉得很孤独。

Yīnwèi wǒ méiyou xiōngdìjiěmèi, juéde hěn gūdú.

인웨이 워 메이여우 시옹띠지에메이, 쥐에더 헌 꾸두

B : 그럼 우리 좋은 친구 해요.

那我做你的好朋友吧。

Nà wǒ zuò nǐ de hǎo péngyou ba.

나 워 쭈어 니 더 하오 펑여우 바

단어

羡慕[xiànmù]
부럽다

因为[yīnwèi]
왜냐하면

觉得[juéde]
느끼다, 생각하다

孤独[gūdú]
외롭다

做朋友는 '친구를 하다'라는 의미입니다. 연인관계에서 '우리 헤어지고 친구로 남자'라고 할 때나 새로 알게 된 사람이 아닌 상황에서도 사용할 수 있습니다.

패턴
009

你的家乡在哪儿?

Nǐ de jiāxiāng zài nǎr?
니 더 지아시앙 짜이 날

'고향은 어디인가요?'라는 의미입니다.
상대방의 고향을 물어볼 때 쓸 수 있는 표현으로 대부분의 사람들이 고향을 떠나서 도시로 오기 때문에 자주 물어볼 수 있는 질문입니다.

我的家乡在中国北方。 저의 고향은 중국 북방입니다.
Wǒ de jiāxiāng zài Zhōngguó Běifāng.
워 더 지아시앙 짜이 쭝구어 뻬이팡

我虽然住在北京，但我的家乡在青海。 저는 비록 베이징에 살지만 저의 고향은 칭하이입니다.
Wǒ suīrán zhù zài Běijīng, dàn wǒ de jiāxiāng zài Qīnghǎi.
워 슈이란 쭈 짜이 뻬이징, 딴 워 더 지아시앙 짜이 칭하이

我的家乡是济州岛。 저의 고향은 제주도입니다.
Wǒ de jiāxiāng shì jìzhōudǎo.
워 더 지아시앙 스 지쪼우따오

TIP

故乡[gùxiāng]와 家乡[jiāxiāng], 老家[lǎojiā]는 모두 자기의 가족이 살던 곳이고, 혹은 출생지를 의미합니다. 故乡과 家乡은 보통 문어체에서 사용하고, 老家는 구어체에서 사용합니다.

관련표현

☑ 고향이 어디예요?

你的老家是哪里?

Nǐ de lǎojiā shì nǎlǐ?

니 더 라오지아 스 나리

☑ 고향이 어디예요?

你的老家在哪里?

Nǐ de lǎojiā zài nǎlǐ?

니 더 라오지아 짜이 나리

☑ 어디에서 오셨나요?

你从哪里来呢?

Nǐ cóng nǎlǐ lái ne?

니 총 나리 라이 너

☑ 어디 사람인가요?

你是哪里人?

Nǐ shì nǎlǐ rén?

니 스 나리 런

고향이 어디인지 물을 때, 혹은 중국 내에서 어느 지역에서 왔는지 물을 때 쓸 수 있는 표현입니다. 같은 의미이지만 다른 방식으로 물어볼 수 있기 때문에 다양한 표현을 익힐 필요가 있습니다.

단어

老家[lǎojiā] 고향

대화문

A : 한국에 온 지 얼마나 되었나요?

你来韩国多长时间了？

Nǐ lái Hánguó duō cháng shíjiān le?

니 라이 한구어 뚜어 창 스지엔 러

B : 저는 한국에 온 지 1년 정도 되었어요.

我来韩国一年多了。

Wǒ lái Hánguó yì nián duō le.

워 라이 한구어 이 니엔 뚜어 러

A : 고향이 어디세요?

你的家乡在哪儿?

Nǐ de jiāxiāng zài nǎr?

니 더 지아시앙 짜이 날

B : 저의 고향은 베이징입니다. 당신은요?

我的老家是北京，你呢？

Wǒ de lǎojiā shì Běijīng, nǐ ne?

워 더 라오지아 스 뻬이징, 니 너

A : 저의 고향은 부산이고, 놀러 오시는 것 환영합니다.

我的老家是釜山，欢迎你来玩儿。

Wǒ de lǎojiā shì Fǔshān, huānyíng nǐ lái wánr.

워 더 라오지아 스 푸샨, 후안잉 니 라이 왈

B : 나중에 시간이 되면 꼭 가서 볼게요.

以后有空我一定去看看。

Yǐhòu yǒu kōng wǒ yídìng qù kànkan.

이호우 여우 콩 워 이띵 취 칸칸

단어

时间[shíjiān]
시간

釜山[fǔshān]
부산

欢迎[huānyíng]
환영하다

空[kōng] 틈, 시간

我来韩国一年多了에서 **多**는 '남짓'이라는 의미입니다. **十多个**는 열 개 남짓, **一个多月**는 한 달 남짓입니다.

我怎么称呼您?

Wǒ zěnme chēnghu nín?

워 쩐머 청후 닌

패턴 010

'제가 어떻게 호칭을 하면 될까요?'라는 의미를 가집니다.
처음 만나는 상대 혹은 딱히 말할 호칭이 없을 때 물어볼 수 있는 표현입니다.

我姓李，叫我李先生好了。 저는 이 씨고요, 이 씨라고 부르면 됩니다.

Wǒ xìng Lǐ, jiào wǒ Lǐ xiānsheng hǎo le.
워 싱 리, 지아오 워 리 시엔셩 하오 러

我姓李，叫我李师傅吧。 저는 이 씨고, 이 아저씨라고 부르면 됩니다.

Wǒ xìng Lǐ, jiào wǒ Lǐ shīfu ba.
워 싱 리, 지아오 워 리 스푸 바

我姓李，叫李健。叫我李哥可以。 저는 이 씨고, 이건입니다. 이 형이라고 부르면 됩니다.

Wǒ xìng Lǐ, jiào Lǐ Jiàn. jiào wǒ Lǐ gē kěyǐ.
워 싱 리, 지아오 리 지엔, 지아오 워 리 꺼 커이

TIP

[怎么+동사]는 방식을 의미합니다.
这个汉字怎么写?[Zhè ge hànzì zěnme xiě?] 이 한자는 어떻게 쓰나요?

관련표현

☑ 제가 어떻게 호칭을 해야 할까요?

我应该怎么称呼您?

Wǒ yīnggāi zěnme chēnghu nín?

워 잉까이 쩐머 청후 닌

☑ 형이라고 부르면 됩니다.

你叫我哥哥就行。

Nǐ jiào wǒ gēge jiù xíng.

니 지아오 워 꺼거 지우 싱

☑ 제가 누님이라고 불러도 될까요?

我叫你大姐就可以吗?

Wǒ jiào nǐ dàjiě jiù kěyǐ ma?

워 지아오 니 따지에 지우 커이 마

☑ 아빠의 아빠는 뭐라고 부르나요?

爸爸的爸爸叫什么?

Bàba de bàba jiào shénme?

빠바더 빠바 지아오 션머

처음 만나거나 호칭을 어떻게 해야 할지 모를 때, 상대방에게 어떻게 불러야 하는지 물을 때 쓸 수 있습니다. 称呼라는 단어를 쓰거나 叫의 단어를 사용하여 표현할 수 있습니다.

단어

称呼[chēnghū]
호칭

可以[kěyǐ]
가능하다

대화문

A : 제가 어떻게 호칭을 하면 될까요?

我怎么称呼您?

Wǒ zěnme chēnghu nín?

워 쩐머 청후 닌

B : 저는 이 씨고, 이 씨라고 부르면 됩니다.

我姓李，你叫我李先生就可以了。

Wǒ xìng Lǐ, nǐ jiào wǒ Lǐ xiānsheng jiù kěyǐ le.

워 싱 리, 니 지아오 워 리 시엔셩 지우 커이 러

A : 안녕하세요! 이 씨, 저는 왕란입니다.

您好！李先生，我叫王兰。

Nín hǎo, Lǐ xiānsheng, wǒ jiào Wáng Lán.

닌 하오! 리 시엔셩, 워 지아오 왕 란

B : 문제가 있으면 언제든 저에게 물어보세요.

有什么问题尽管问我吧。

Yǒu shénme wèntí jǐnguǎn wèn wǒ ba

여우 션머 원티 진구안 원 워 바

A : 저는 신입이니, 앞으로 잘 부탁드립니다.

我是新手，请多多关照。

Wǒ shì xīnshǒu, qǐng duōduō guānzhào.

워 스 신쇼우, 칭 뚜어뚜어 꾸안짜오

B : 문제없습니다. 우리 같이 노력해요.

没问题，我们一起努力吧。

Méiwèntí, wǒmen yìqǐ nǔlì ba.

메이원티, 워먼 이치 누리 바

단어

先生[xiānsheng]
선생님, 씨

尽管[jǐnguǎn]
얼마든지

努力[nǔli]
노력하다

尽管은 하나의 사실, 이미 발생한 사실, 진실된 양보를 의미하고, **虽然**과 비슷합니다. **可是**, **但是**, **然而**과 결합하여 사용합니다. 부사로 쓸 수 있으며, 제한되는 조건이 없고, 걱정하지 않고 해나갈 수 있음을 의미합니다.

복습하기 [패턴 001-010] 소개

★ 001 잘 지내시나요?
你好吗?
Nǐ hǎo ma?

★ 002 소개 좀 해주시겠어요?
请您介绍一下，好吗?
Qǐng nín jièshào yíxià, hǎo ma?

★ 003 당신은 최근에 어때요?
你最近怎么样?
Nǐ zuìjìn zěnmeyàng?

★ 004 당신은 한국인인가요?
你是韩国人吗?
Nǐ shì Hánguórén ma?

★ 005 이름이 무엇인가요?
你叫什么名字?
Nǐ jiào shénme míngzi?

★ 006 어디에 사시나요?
你住在哪儿?
Nǐ zhù zài nǎr?

★ 007 식구가 몇 명이에요?
你家有几口人?
Nǐ jiā yǒu jǐ kǒu rén?

★ 008 가족은 어떤 사람들이 있나요?
家有什么人?
Nǐ jiā yǒu shénme rén?

★ 009 고향은 어디인가요?
你的家乡在哪儿?
Nǐ de jiāxiāng zài nǎr?

★ 010 제가 어떻게 호칭을 하면 될까요?
我怎么称呼您?
Wǒ zěnme chēnghu nín?

Part 02

시간/번호

패턴
011

现在几点?

Xiànzài jǐ diǎn?
시엔짜이 지 디엔

'지금 몇 시인가요?'라는 의미입니다.
시간을 물어볼 때 쓸 수 있는 표현으로 여러 가지 다양한 표현을 학습해야 합니다.

现在7点半。

Xiànzài qī diǎn bàn.
시엔짜이 치 디엔 빤

지금은 7시 반입니다.

现在差10分8点。

Xiànzài chà shí fēn bā diǎn.
시엔짜이 차 스 펀 빠 디엔

지금 10분 전 8시입니다.

七点一刻。

Qī diǎn yíkè.
치 디엔 이크어

7시 15분입니다.

TIP

一刻는 15분, 半은 30분, 三刻는 45분을 의미합니다.

관련표현

☑ 지금 1시 45분인가요?

现在一点三刻吗?

Xiànzài yī diǎn sānkè ma?

시엔짜이 이 디엔 싼커 마

☑ 5분 전 12시입니다.

差五分十二点。

Chà wǔ fēn shíèr diǎn.

차 우 펀 스얼 디엔

☑ 2시 정도입니다.

两点左右。

Liǎng diǎn zuǒyòu.

리앙 디엔 쪼우여우

☑ 지금 4시 반입니다.

现在四点半。

Xiànzài sì diǎn bàn.

시엔짜이 쓰 디엔 빤

단어

现在[xiànzài]
지금, 현재

三刻[sānkè]
45분

差[chà] 부족하다, 모자르다

左右[zuǒyòu]
정도

半[bàn] 30분

差는 '부족하다'라는 의미를 가지는데 11시 55분(十一点五十五分[shíyī diǎn wǔshíwǔ fēn])의 경우 5분이 부족한 12시, 즉 5분 전 12시라고도 표현할 수 있습니다.

대화문

A : 여보, 지금 몇 시야?

老婆，现在几点?

Lǎopo, xiànzài jǐ diǎn?

라오포, 시엔짜이 지 디엔

B : 7시 50분.

七点五十分。

Qī diǎn wǔshí fēn.

치 디엔, 우스 펀

A : 큰일 났네! 지각할 것 같네!

糟了！我要迟到了！

Zāo le! Wǒ yào chídào le!

짜오 러! 워 이야오 츠따오 러

B : 남편, 서두르지 마.

老公，别着急。

Lǎogōng, bié zháojí.

라오꽁, 비에 짜오지

A : 지각할 것 같아. 사장님이 또 욕할 거야.

我迟到了，又会被老板骂的。

Wǒ chídào le, yòu huì bèi lǎobǎn mà de.

워 츠따오 러, 여우 후이 뻬이 라오빤 마 더

B : 무슨 일인데? 오늘은 주말이야.

怎么会呢？今天是周末。

Zěnme huì ne? Jīntiān shì zhōumò.

쩐머 후이 너? 진티엔 스 쪼오모

糟了는 어떤 일이 잘 풀리지 않거나 기분이 좋지 않을 때 쓸 수 있는 표현으로 '큰일 났다, 이런'이라는 의미입니다. 보통 앞에 **糟了**를 하고, 뒤에 그 이유가 나옵니다.

단어

老婆[lǎopo] 부인

迟到[chídào] 지각하다

老公[lǎogōng] 남편

着急[zháojí] 조급해하다

周末[zhōumò] 주말

今天是星期几?

패턴 012

Jīntiān shì xīngqī jǐ?

진티엔 스 싱치 지

'오늘은 무슨 요일인가요?'라는 의미입니다.
요일은 星期로 뒤에 几를 붙으면 무슨 요일인지에 대한 질문입니다.

今天星期天。 오늘은 일요일입니다.
Jīntiān xīngqītiān.
진티엔 싱치티엔

今天星期三。 오늘은 수요일입니다.
Jīntiān xīngqīsān.
진티엔 싱치싼

今天是星期一。 오늘은 월요일입니다.
Jīntiān shì xīngqīyī.
진치엔 스 싱치이

TIP

답변으로 星期几에서 几 대신 一, 二, 三, 四, 五, 六, 天을 넣으면 월요일부터 일요일까지 표현할 수 있습니다. 礼拜는 星期와 같은 의미로 쓰입니다.

관련표현

☑ 오늘은 무슨 요일인가요?

今天礼拜几?

Jīntiān lǐbài jǐ?

진티엔 리빠이 지

☑ 내일은 일요일입니다.

明天礼拜天。

Míngtiān lǐbàitiān.

밍티엔 리빠이티엔

☑ 오늘은 월요일입니다.

今天是周一。

Jīntiān shì zhōuyī.

진티엔 스 쪼우이

☑ 내일은 주말인가요?

明天是周末吗?

Míngtiān shì zhōumò ma?

밍티엔 스 쪼오모 마

단어

今天[jīntiān] 오늘

礼拜[lǐbài] 요일

明天[míngtiān] 내일

요일을 묻고 답하는 표현을 익혀봅시다. 요일을 말할 때 여러 가지 표현을 사용할 수 있습니다. 星期라고 표현할 수 있지만 礼拜라고 표현할 수도 있습니다.

대화문

A : 오늘은 무슨 요일이야?

今天是星期几?

Jīntiān shì xīngqī jǐ?

진티엔 스 싱치 지

B : 오늘은 화요일인데, 왜?

今天星期二，怎么啦?

Jīntiān xīngqīèr. zěnme la?

진티엔 싱치얼, 쩐머 라

A : 이번 주 금요일은 엄마의 생신이니, 절대 잊지 마!

这个星期五是妈妈的生日，你千万别忘了!

Zhège xīngqīwǔ shì māma de shēngrì, nǐ qiānwàn bié wàng le!

쩌거 싱치우 스 마마 더 셩르, 니 치엔완 비에 왕 러

B : 걱정하지 마, 안 까먹어.

放心吧，不会的。

Fàngxīn ba, búhuì de.

팡신 바, 부후이 더

A : 선물은 준비했어?

你准备礼物了吗?

Nǐ zhǔnbèi lǐwù le ma?

니 준뻬이 리우 러 마

B : 준비했지. 옷 줄려고 샀어.

准备好了，给妈买了件衣服。

Zhǔnbèi hǎo le. gěi mā mǎile jiàn yīfu.

준뻬이 하오 러, 게이 마 마이러 지엔 이프

단어

千万[qiānwàn] 절대로

忘[wàng] 잊다

放心[fàngxīn] 마음을 놓다, 안심하다

准备[zhǔnbèi] 준비하다

礼物[lǐwù] 선물

千万은 '부디, 제발, 꼭'이라는 의미로, 주로 명령문에서 사용됩니다.

패턴 013

我们星期几见面?

Wǒmen xīngqī jǐ jiànmiàn?

워먼 싱치 지 지엔미엔

'우리 무슨 요일에 만나나요?'라는 의미입니다.
언제 만나는지 물어볼 때 쓸 수 있는 표현입니다.

星期五见, 怎么样? 금요일에 만나는 거, 어때요?
Xīngqīwǔ jiàn, zěnmeyàng?
싱치우 지엔, 쩐머이양

周末怎么样? 주말 어때요?
Zhōumò zěnmeyàng?
쪼오모 쩐머이양

你定时间, 你哪天方便。 시간 정해요, 언제가 편한지.
Nǐ dìng shíjiān, nǐ nǎtiān fāngbiàn.
니 띵 스지엔, 니 나티엔 팡비엔

TIP

상대방이 언제 만날지 물어볼 때 자신의 의견을 물어보고 상대방에게 되물어볼 수 있습니다. 자신의 의견을 말하고, 상대방에게 怎么样나 好吗?를 써서 되물어보는 식으로 대화를 할 수 있습니다.

관련표현

☑ 우리 언제 볼까요?

我们什么时候见面？

Wǒmen shénmeshíhou jiànmiàn?

워먼 션머스호우 지엔미엔

☑ 우리 몇 월 며칠에 볼까요?

我们几月几号见面？

Wǒmen jǐ yuè jǐ hào jiànmiàn?

워먼 지 위에 지 하오 지엔미엔

☑ 우리 일요일에 봐요.

我们星期天见吧。

Wǒmen xīngqītiān jiàn ba.

워먼 싱치티엔 지엔 바

☑ 월요일에 봐요.

礼拜一见面吧。

Lǐbàiyī jiànmiàn ba.

리빠이이 지엔미엔 바

단어

什么时候 [shénmeshíhou]
언제

见面[jiànmiàn]
만나다

언제 만날지 묻고 답해봅시다. 시간을 정해서 만나는 시간을 말하거나 의문대명사를 써서 물어볼 수 있습니다. 吧는 어기를 부드럽게 하거나 권유할 때 쓸 수 있는 표현입니다.

대화문

A : 우리 무슨 요일에 볼까요?

我们星期几见面?

Wǒmen xīngqī jǐ jiànmiàn?
워먼 싱치 지 지엔미엔

B : 금요일 저녁에 보는 거 어때요?

星期五晚上见，怎么样?

Xīngqīwǔ wǎnshang jiàn, zěnmeyàng?
싱치우 완샹 지엔, 쩐머이양

A : 좋아, 몇 시에 볼까요?

好啊! 几点见?

Hǎo a! Jǐ diǎn jiàn?
하오 아! 지 디엔 지엔

B : 7시 정도, 어때요?

七点左右，怎么样?

Qī diǎn zuǒyòu, zěnmeyàng?
치 디엔 쭈오여우, 쩐머이양

A : 문제없어요. 우리 커피 마시면서 이야기해요.

没问题，咱们一边喝咖啡，一边聊天儿。

Méiwèntí, zánmen yìbiān hē kāfēi, yìbiān liáotiānr.
메이원티, 짠먼 이비엔 흐어 카페이 이비엔 리아오티얼

B : 좋아요, 그렇게 해요!

好，一言为定!

Hǎo, yìyánwéidìng!
하오, 이이엔웨이띵

단어

晚上[wǎnshang]
저녁

聊天儿[liáotiānr]
이야기하다, 수다를 떨다

一言为定은 시간과 장소를 정하고 '그렇게 하자'라는 어감을 나타냅니다.

今天是几月几号?

Jīntiān shì jǐ yuè jǐ hào?
진티엔 스 지 위에 지 하오

패턴 014

'오늘은 몇 월 며칠인가요?'라는 의미입니다.
几는 '몇'이라는 의문대명사로 쓰이며, 보통 10 이하의 숫자를 물어볼 때 쓸 수 있습니다.

今天11月30号。 오늘은 11월 30일입니다.
Jīntiān shíyī yuè sānshí hào.
진티엔 스이 위에 싼스 하오

今天9月27号。 오늘은 9월 27일입니다.
Jīntiān jiǔ yuè èrshíqī hào.
진티엔 지우 위에 얼스치 하오

9月1号。 9월 1일입니다.
Jiǔ yuè yī hào.
지우 위에 이 하오

TIP

今天是几月几号에서 是는 생략 가능합니다. 보통 문장에는 서술어가 존재해야 하는데 명사는 보통 서술어로 쓰지 않지만 시간명사 절기, 본적을 나타낼 때는 서술어로 쓸 수 있습니다.

관련표현

☑ 내일 5일인가요?

明天五号吗?

Míngtiān wǔ hào ma?

밍티엔 우 하오 마

☑ 오늘 몇 월 며칠인가요?

今天几月几号?

Jīntiān jǐ yuè jǐ hào?

진티엔 지 위에 지 하오

☑ 오늘은 2월 18일입니다.

今天二月十八号。

Jīntiān èr yuè shíbā hào.

진티엔 얼 위에 스빠 하오

☑ 모레는 몇 월 며칠인가요?

后天是几月几号?

Hòutiān shì jǐ yuè jǐ hào?

호우티엔 스 지 위에 지 하오

날짜를 물어보고 답하는 표현입니다. 号는 보통 구어체에서 사용하고, 日은 문어체에서 사용합니다. 시간명사는 동사가 없어도 서술어 역할을 하기 때문에 是가 있어도 가능하고 없어도 문장을 만드는 데 문제가 없습니다.

단어

号[hào] 일

后天[hòutiān] 모레

대화문

A : 오늘은 몇 월 며칠인가요?

今天是几月几号?

Jīntiān shì jǐ yuè jǐ hào?

진티엔 스 지 위에 지 하오

B : 오늘은 9월 20일입니다.

今天是9月20号。

Jīntiān shì jiǔ yuè èrshí hào.

진티엔 스 지우 위에 얼스 하오

A : 2주 후가 추석이네요.

再过两个星期就是中秋节了。

Zài guò liǎng ge xīngqī jiùshì Zhōngqiūjié le.

짜이 꾸어 리앙 거 싱치 지우스 쭝치우지에 러

B : 중국인도 추석을 지내나요?

中国人也过中秋节吗?

Zhōngguórén yě guò Zhōngqiūjié ma?

쭝구어런 이에 꾸어 쭝치우지에 마

A : 네. 한국은요?

对，韩国呢?

Duì, Hánguó ne?

뚜이, 한구어 너

B : 한국에서 추석은 성대한 명절입니다.

在韩国中秋节是个盛大的节日。

Zài Hánguó Zhōngqiūjié shì ge shèngdà de jiérì.

짜이 한구어 쭝치우지에 스 거 셩따 더 지에르

단어

过[guò] 보내다, 지내다

中秋节 [zhōngqiūjié] 추석

盛大[shèngdà] 성대한

节日[jiérì] 명절

过는 여러 가지 의미를 가지고 있습니다. '지나다, 보내다'라는 의미도 있지만, [동사+**过**]의 용법으로 '동사 한 적이 있다'라는 의미도 쓰입니다.

패턴 015

你的生日是几月几号?

Nǐ de shēngrì shì jǐ yuè jǐ hào?

니 더 셩르 스 지 위에 지 하오

'당신의 생일은 몇 월 며칠인가요?'라는 의미입니다.
几月几号 앞에 물어보고자 하는 내용을 넣어서 문장을 만들 수 있습니다.

我的生日是2月18号。 저의 생일은 2월 18일입니다.
Wǒ de shēngrì shì èr yuè shíbā hào.
워 더 셩르 스 얼 위에 스빠 하오

我的生日是国庆节。 저의 생일은 국경절입니다.
Wǒ de shēngrì shì Guóqìngjié.
워 더 셩르 스 구어칭지에

我的生日跟我妈妈是同一天3月17号。 저의 생일은 엄마와 같은 3월 17일입니다.
Wǒ de shēngrì gēn wǒ māma shì tóng yìtiān sān yuè shíqī hào.
워 더 셩르 껀 워 마마 스 통 이티엔 싼 위에 스치 하오

TIP

생일을 물어볼 때 几月几号라는 표현을 쓸 수 있습니다. 几에 월과 일 숫자를 넣어주고 십 자리를 읽을 때는 이어서 읽어야 올바른 발음을 할 수 있습니다.

관련표현

☑ 생일이 언제예요?

你的生日是什么时候?

Nǐ de shēngrì shì shénmeshíhou?

니 더 셩르 스 션머스호우

☑ 내일은 저의 생일입니다.

明天是我的生日。

Míngtiān shì wǒ de shēngrì.

밍티엔 스 워 더 셩르

☑ 생일이 내일이에요?

你的生日是明天吗?

Nǐ de shēngrì shì míngtiān ma?

니 더 셩르 스 밍티엔 마

☑ 저의 생일은 이미 지났어요.

我的生日已经过去了。

Wǒ de shēngrì yǐjīng guòqù le.

워 더 셩르 이징 꾸어취 러

생일이 언제인지 묻는 표현을 좀 더 익혀보면 什么时候로 물어볼 수도 있으며 几月几号로도 질문할 수 있습니다. 已经이라는 단어가 나오면 문장의 말미에는 꼭 了가 동반됩니다.

단어

生日[shēngrì] 생일

已经[yǐjīng] 이미

过去[guòqù] 지나가다

대화문

A : 생일이 몇 월 며칠이에요?

你的生日是几月几号?

Nǐ de shēngrì shì jǐ yuè jǐ hào?

니 더 셩르 스 지 위에 지 하오

B : 저는 2월 14일입니다.

我的生日是二月十四号。

Wǒ de shēngrì shì èr yuè shísì hào.

워 더 셩르 스 얼 위에 스쓰 하오

A : 제 생일도 밸런타인데이예요.

我的生日也是情人节。

Wǒ de shēngrì yě shì Qíngrénjié.

워 더 셩르 이에 스 칭런지에

B : 정말 우연이네요.

真巧。

Zhēn qiǎo.

쩐 치아오

A : 어떻게 그럴 수 있죠?

怎么会?

Zěnme huì?

쩐어 후이

B : 우리 인연이 있네요.

我们有缘分啊。

Wǒmen yǒu yuánfèn a.

워먼 여우 위엔펀 아

단어

情人节 [qíngrénjié] 밸런타인데이

巧[qiǎo] 공교롭다

중국어에서 农历는 음력이라는 의미를 가지며, 阴历[yīnlì]는 양력이라는 의미를 가집니다.

패턴 016

比赛什么时候开始?

Bǐsài shénmeshíhou kāishǐ?

비싸이 션머스호우 카이스

'경기는 언제 시작하나요?'라는 의미입니다.
什么时候는 '언제'라는 의미로, 뒤에 동사가 위치하게 됩니다.

下午4点开始。 오후 4시에 시작해요.

Xiàwǔ sì diǎn kāishǐ.

시아우 스 디엔 카이스

我也不太清楚。 저도 분명하지 않아요.

Wǒ yě bútài qīngchu.

워 이에 부타이 칭추

下午4点来钟。 오후 4시 정도요.

Xiàwǔ sì diǎn lái zhōng.

시아우 쓰 디엔 라이 쭝

TIP

什么时候는 '언제'라는 의미로 시간을 말할 때 쓸 수 있습니다.의문대명사로 쓰이며 什么时候 뒤에 동사가 위치하여 언제 동사하는지에 대해 표현할 수 있습니다.

관련표현

☑ 경기는 몇 시에 시작하죠?

比赛几点开始?

Bǐsài jǐ diǎn kāishǐ?

비싸이 지 디엔 카이스

☑ 경기는 언제 끝나요?

比赛什么时候结束?

Bǐsài shénmeshíhou jiéshù?

비싸이 션머스호우 지에슈

☑ 경기는 곧 끝나요.

比赛快要结束了。

Bǐsài kuàiyào jiéshù le.

비싸이 쿠와이이야오 지에슈 러

☑ 경기는 이미 끝났어요.

比赛已经结束了。

Bǐsài yǐjīng jiéshù le.

비싸이 이징 지에슈 러

단어

比赛[bǐsài] 경기

开始[kāishǐ] 시작하다

结束[jiéshù] 끝나다

언제 시작하고 언제 끝나는지에 대한 표현입니다. 几点과 什么时候을 사용하여 표현할 수 있습니다. '快要...了'는 '곧 ~하려 하다'라는 의미입니다.

대화문

A : 어떤 운동 좋아하나요?
你喜欢什么运动？
Nǐ xǐhuan shénme yùndòng?
니 시후안 션머 윈똥

B : 저는 축구 경기 보는 것을 좋아합니다.
我喜欢看足球比赛。
Wǒ xǐhuan kàn zúqiú bǐsài.
워 시후안 칸 주치우 비싸이

A : 그래요? 우리 같이 가서 보는 것 어때요?
是吗？我们一起去看怎么样？
Shì ma? wǒmen yìqǐ qù kàn zěnmeyàng?
스 마? 워먼 이치 취 칸 쩐머이양

B : 좋아요! 경기는 언제 시작하죠?
好啊！比赛什么时候开始？
Hǎo a! Bǐsài shénmeshíhou kāishǐ?
하오 아! 비싸이 션머스호우 카이스

A : 오후 4시요. 올림픽체육관에서 해요.
下午四点，在奥林匹克体育场。
Xiàwǔ sì diǎn, zài àolínpǐkè tǐyùchǎng.
시아우 쓰 디엔, 짜이 아오린피커 티위창

B : 좋아요, 이렇게 정해요. 꼭 봐요!
好，就这么定了。不见不散！
Hǎo, jiù zhème dìng le. Bújiànbúsàn!
하오, 지우 쩌머 띵 러, 부지엔부싼

단어

喜欢[xǐhuan]
좋아하다

运动[yùndòng]
운동

奥林匹克
[àolínpǐkè] 올림픽

体育场
[tǐyùchǎng]
체육관

不见不散는 '보지 않으면 흩어지지 않는다'라는 의미로 약속을 하고 꼭 보자고 할 때 쓸 수 있는 표현입니다.

패턴 017

你是什么时候毕业的?

Nǐ shì shénmeshíhou bìyè de?
니 스 션머스호우 삐이에 더

'당신은 언제 졸업했나요?'라는 의미입니다.
是.....的용법으로 강조하고자 하는 내용을 중간에 넣어서 표현할 수 있습니다.

我是05年毕业的。 저는 05년에 졸업했어요.
Wǒ shì líng wǔ nián bìyè de.
워 스 링 우 니엔 삐이에 더

我是去年刚毕业的。 저는 작년에 막 졸업했어요.
Wǒ shì qùnián gāng bìyè de.
워 스 취니엔 깡 삐이에 더

我还没毕业。 아직 졸업 안 했어요.
Wǒ hái méi bìyè.
워 하이 메이 삐이에

TIP

是....的의 용법은 이미 발생한 동작의 시간, 장소, 목적, 대상 등을 강조할 때 쓰는 표현입니다. 강조하는 내용을 是....的 사이에 넣어 표현합니다.

관련표현

☑ 언제 졸업했어요?

你是哪一年毕业的?

Nǐ shì nǎ yì nián bìyè de?

니 스 나 이 니엔 삐이에 더

☑ 저는 작년에 졸업했어요.

我是去年毕业的。

Wǒ shì qùnián bìyè de.

워 스 취니엔 삐이에 더

☑ 중간에 1년 휴학했어요.

中间休了一年学。

Zhōngjiān xiūle yì nián xué.

쭝지엔 시우 러 이 니엔 쉬에

☑ 다음 달에 졸업하나요?

你下个月毕业吗?

Nǐ xià ge yuè bìyè ma?

니 시아 거 위에 삐이에 마

단어

毕业[bìyè]
졸업하다

去年[qùnián]
작년

졸업 시기에 대해 묻고 답하는 표현입니다. 졸업과 관련해 휴학이라는 표현도 함께 익혀봅시다.

대화문

A : 이 군, 얼마나 일했어요?

小李，你工作多长时间了？

Xiǎo lǐ, nǐ gōngzuò duō cháng shíjiān le?

시아오 리, 니 꽁쭈어 뚜어 창 스지엔 러

B : 저는 겨우 2년 정도 일했어요.

我工作才两年多。

Wǒ gōngzuò cái liǎng nián duō.

워 꽁쭈어 차이 리앙 니엔 뚜어

A : 어느 대학 졸업했어요?

你是什么大学毕业的？

Nǐ shì shénme dàxué bìyè de?

니 스 션머 따쉬에 삐이에 더

B : 저는 서울대학교 졸업했어요.

我是首尔大学毕业的。

Wǒ shì Shǒuěr dàxué bìyè de.

워 스 쇼우얼 따쉬에 삐이에 더

A : 그래요? 언제 졸업했어요?

是吗？你是什么时候毕业的？

Shì ma? Nǐ shì shénmeshíhou bìyè de?

스 마? 니 스 션머스호우 삐이에 더

B : 저는 2014년에 졸업했어요.

我是2014年毕业的。

Wǒ shì èr líng yī sì nián bìyè de.

워 스 얼 링 이 쓰 니엔 삐이에 더

단어

大学[dàxué] 대학

首尔[shǒuěr] 서울

才는 여러 가지 의미가 있는데 대화문에서는 '겨우, 이제서야'라는 뜻입니다.

才五点呢, 下班还有一个小时。 겨우 5시야. 아직 퇴근이 1시간이나 남았어.
[Cái wǔ diǎn ne, xiàbān háiyǒu yí ge xiǎoshí.]

패턴 018

你的手机号码是多少?

Nǐ de shǒujī hàomǎ shì duōshao?
니 더 쇼우지 하오마 스 뚜어샤오

'당신의 핸드폰 번호는 무엇인가요?'라는 의미입니다.
号码를 号로 표현을 하기도 합니다.

号码是010-2815-283。 번호는 010 2815 283입니다.
Hàomǎ shì líng yāo líng èr bā yāo wǔ èr bā sān.
하오마 스 링 이야오 링 얼 빠 이야오 우 얼 빠 싼

我没有手机。 저는 핸드폰이 없습니다.
Wǒ méiyou shǒujī.
워 메이여우 쇼우지

手机坏了，我把我的微信号儿告诉你吧。 핸드폰이 고장 났어요. 웨이신 아이디 알려주세요.
Shǒujī huài le, wǒ bǎ wǒ de wēixìnhàor gàosu nǐ ba.
쇼우지 후아이 러, 워 바 워 더 웨이신하올 까우수 니 바

TIP

전화번호를 말할 때 숫자 1은 [yī]라고 말하면 안되고, [yāo]라고 발음해야 합니다. 숫자를 읽을 때 하나하나 읽어야 합니다.

관련표현

☑ 핸드폰 번호가 뭐예요?

你的手机号是多少?

Nǐ de shǒujīhào shì duōshao?

니 더 쇼우지하오 스 뚜어샤오

☑ 번호 알려주실 수 있나요?

你能告诉我你的号码吗?

Nǐ néng gàosu wǒ nǐ de hàomǎ ma?

니 넝 까오수 니 더 하오마 마

☑ 제 핸드폰 번호 알려드릴게요.

我告诉你我的手机号。

Wǒ gàosu nǐ wǒ de shǒujīhào.

워 까오수 니 워 더 쇼우지하오

☑ 저는 당신의 핸드폰 번호를 알고 싶어요.

我想知道你的手机号。

Wǒ xiǎng zhīdào nǐ de shǒujīhào.

워 시앙 즈따오 니 더 쇼우지하오

단어

手机号 [shǒujīhào]
핸드폰 번호

告诉[gàosu]
알려주다

전화번호를 물어보는 표현입니다. **手机号码**를 **手机号**로도 표현을 할 수 있습니다. **告诉**는 이중 목적어를 취하는 동사로 쓰였습니다.

대화문

A : 왕팡 아니야?

这不是王芳吗？

Zhè búshì Wángfāng ma?

쩌 부스 왕팡 마

B : 넌? 생각났다! 너 리닝!

你是？想起来了！你是李宁！

Nǐ shì? Xiǎng qǐlái le! Nǐ shì Lǐníng!

니 스? 시앙 치라이 러! 니 스 리닝!

A : 맞아! 오래간만이다! 잘 지냈어?

对呀！好久不见！你过得好吗？

Duì ya! Hǎojiǔ bújiàn! Nǐ guòde hǎo ma?

뚜이 야! 하오지우 부지엔! 니 꾸어더 하오 마

B : 그럭저럭. 넌?

还可以，你呢？

Hái kěyǐ, nǐ ne?

하이 커이, 니 너

A : 그렇지 뭐. 핸드폰 번호가 뭐야?

就那样。你的手机号码是多少？

Jiù nàyàng. nǐ de shǒujī hàomǎ shì duōshao?

지우 나이양. 니 더 쇼우지 하오마 스 뚜어샤오

B : 내 번호는 010 385 1026이야.

我的手机号码是010-385-1026。

Wǒ de shǒujī hàomǎ shì líng yāo líng sān bā wǔ yāo líng èr liù.

워 더 쇼우지 하오마 스 링 이야오 링 싼 빠 우 이야오 링 얼 리우

단어

那样[nàyàng]
그러하다

想起来는 원래 알고 있던 것을 잊어버렸다가 다시 기억해내려는 노력을 통해 기억하는 것입니다. 반대로 **想出来**는 사고를 통해서 새롭게 의견이나 방법 등을 생각하는 것, 다시 말해서 없는 것을 생각한 것입니다.

패턴
019

你坐几路车回家?

Nǐ zuò jǐ lù chē huíjiā?

니 쭈어 지 루 처 후이지아

'당신은 몇 번 버스를 타고 집으로 가나요?'라는 의미입니다.
几路는 '몇 번'이라는 의미입니다. 답변 요령은 几에 버스 번호를 넣어서 표현을 하면 됩니다.

坐27路都可以。 27번이 가능해요.

Zuò èrshíqī lù dōu kěyǐ.

쭈어 얼스치 루 또우 커이

坐28路或者地铁2号线都行。 28번 혹은 전철 2호선 모두 가능해요.

Zuò èrshíbā lù huòzhě dìtiě èr hàoxiàn dōu xíng.

쭈어 얼스빠 루 후어져 띠티에 얼 하오시엔 또우 싱

我自己开车上下班。 저는 자가 운전해서 출퇴근해요.

Wǒ zìjǐ kāichē shàngxiàbān.

워 쯔지 카이처 샹시아빤

TIP

3자리의 버스 번호를 말할 때 두 가지 방식이 가능합니다. 하나하나 숫자를 말해도 되고, 백 자리로 말해도 됩니다. 단, 3자리의 숫자에 1이 들어갈 경우 숫자 1은 yī라고 말하면 안되고, yāo라고 발음해야 합니다.

관련표현

☑ 몇 번 버스 타고 출근해요?

你坐几路车上班?

Nǐ zuò jǐ lù chē shàngbān?

니 쭈어 지 루 처 샹빤

☑ 몇 번 버스 타고 퇴근해요?

你坐几路车下班?

Nǐ zuò jǐ lù chē xiàbān?

니 쭈어 지 루 처 시아빤

☑ 저는 보통 자가 운전해서 출퇴근해요.

我一般自己开车上下班。

Wǒ yìbān zìjǐ kāichē shàngxiàbān.

워 이빤 쯔지 카이처 샹시아빤

☑ 저는 걸어서 집에 가요.

我走着回家。

Wǒ zǒuzhe huíjiā.

워 쪼우져 후이지아

단어

路[lù] 번, 길

下班[xiàbān] 퇴근하다

回家[huíjiā] 집에 가다

어떤 교통방식으로 출퇴근하는지 물어보는 표현입니다. 여러 가지 교통방식에 대해 익힐 필요가 있습니다. [동사+着]의 용법으로 동사의 상태가 지속됨을 나타냅니다.

대화문

A : 몇 번 차 타고 집에 가요?

你坐几路车回家?

Nǐ zuò jǐ lù chē huíjiā?

니 쭈어 지 루 처 후이지아

B : 저는 28번이요. 당신은요?

我坐28路，你呢?

Wǒ zuò èrshíbā lù, nǐ ne?

워 쭈어 얼스빠 루, 니 너

A : 저는 301번 버스 타요.

我坐301路公交车。

Wǒ zuò sān líng yāo lù gōngjiāochē.

어 쭈어 싼 링 이야오 루 꽁지아오처

B : 전철이 편리하고 막히지 않아요.

坐地铁很方便，不堵车。

Zuò dìtiě hěn fāngbiàn, bù dǔchē.

쭈어 띠티에 헌 팡비엔, 뿌 두처

A : 편리하긴 편리한데 10분 정도 걸어야 돼요.

方便是方便，但是还得走10多分钟。

Fāngbiàn shì fāngbiàn, dànshì hái děi zǒu shí duō fēn zhōng

팡비엔 스 팡비엔, 딴스 하이 데이 쪼우 스 뚜어 펀중

B : 좀 걸으면 몸도 건강해지고, 좋은 거죠.

走几步能锻炼身体，挺好的。

Zǒu jǐ bù néng duànliàn shēntǐ, tǐng hǎo de.

쪼우 지 뿌 넝 뚜안리엔 션티, 팅 하오 더

方便是方便는 A**是**A용법으로 'A하긴 A한데'라는 의미를 가집니다.

단어

坐[zuò]
(대중교통을) 타다

公交车[gōngjiāochē]
버스

堵车[dǔchē]
차가 막히다

方便[fāngbiàn]
편리하다

锻炼[duànliàn]
단련하다

你得坐几路公交车回家?

패턴 **020**

Nǐ děi zuò jǐ lù gōngjiāochē huíjiā?
니 데이 쭈어 지 루 꽁지아오처 후이지아

'당신은 몇 번 버스를 타고 집으로 돌아가야 하나요?'라는 의미입니다.
得는 조동사로 '필요로 하다'라는 의미입니다.

我坐27路都行。

Wǒ zuò èrshíqī lù dōu xíng.
워 쭈어 얼스치 루 또우 싱

저는 27번을 타면 돼요.

坐地铁1号线在首尔站下车。

Zuò dìtiě yī hàoxiàn zài Shǒuěrzhàn xiàchē.
쭈어 띠티에 이 하오시엔 짜이 쇼우얼짠 시아처

전철 1호선을 타고 서울역에서 내려요.

我不坐公交车。

Wǒ bú zuò gōngjiāochē.
워 부 쭈어 꽁지아오처

저는 버스를 타지 않아요.

TIP

대중교통을 탈 때 쓸 수 있는 동사는 坐이지만 자전거나 오토바이, 말을 탈 때 쓸 수 있는 동사는 骑[qí]입니다.

관련표현

☑ 저는 전철을 타고 집에 가요.

我要坐地铁回家。

Wǒ yào zuò dìtiě huíjiā.

워 이야오 쭈어 띠티에 후이지아

☑ 저는 버스를 안 타고 전철을 타요.

我不坐公交车，坐地铁。

Wǒ bú zuò gōngjiāochē, zuò dìtiě.

워 부 쭈어 꽁지아오처, 쭈어 띠티에

☑ 어떤 것을 타도 다 도착해요.

坐什么车都可以到。

Zuò shénme chē dōu kěyǐ dào.

쭈어 션머 처 또우 커이 따오

☑ 11번 버스를 타고 집에 가야 돼요.

我得坐十一路公交车回家。

Wǒ děi zuò shíyī lù gōngjiāochē huíjiā.

워 데이 쭈어 스이 루 꽁지아오처 후이지아

坐는 '앉다'라는 의미지만 대중교통을 탈 때 쓸 수 있는 표현입니다. 骑는 우리말로 '타다'라는 坐와 의미는 같지만 교통수단에 따라서 다르게 쓰이기 때문에 사용할 때 주의해야 합니다.

단어

地铁[dìtiě] 전철

车[chē] 차

대화문

A : 몇 번 버스를 타고 집에 가야 하나요?

你得坐几路公交车回家?

Nǐ děi zuò jǐ lù gōngjiāochē huíjiā?

니 데이 쭈어 지 루 공지아오처 후이지아

B : 저는 27번 버스를 타요. 어떻게 집에 가요?

我坐27路车，你怎么回家?

Wǒ zuò èrshíqī lù chē, nǐ zěnme huíjiā?

워 쭈어 얼스치 루 처, 니 쩐머 후이지아

A : 저는 보통 자가 운전해서 출퇴근해요.

我一般自己开车上下班。

Wǒ yìbān zìjǐ kāichē shàngxiàbān.

워 이빤 쯔지 카이처 샹시아빤

B : 자가용이 있는 것이 편리하죠.

还是有自家车方便。

Háishi yǒu zìjiāchē fāngbiàn.

하이스 여우 쯔지아처 팡비엔

A : 편하긴 편한데 차가 막혀요.

方便是方便，不过要是遇到路上堵车。

Fāngbiàn shì fāngbiàn, búguò yàoshì yùdào lùshang dǔchē.

팡비엔 스 팡비엔, 부꾸어 이야오스 위따오 루샹 두처

B : 그러게요. 차가 갈수록 많아져요.

是啊，车越来越多。

Shì a, chē yuèláiyuè duō.

스 아, 처 위에라이위에 뚜어

단어

自己[zìjǐ] 스스로

开车[kāichē] 운전하다

遇到[yùdào] (우연히) 만나다

越来越 [yuèláiyuè] 더욱더

不过는 또 다른 상황을 이용해서 앞에서 설명한 상황에 대해 보충 설명합니다.

복습하기 [패턴 011-020] 시간/번호

★ 011 지금 몇 시인가요?

现在几点?

Xiànzài jǐ diǎn?

★ 012 오늘은 무슨 요일인가요?

今天是星期几?

Jīntiān shì xīngqī jǐ?

★ 013 우리 무슨 요일에 만나나요?

我们星期几见面?

Wǒmen xīngqī jǐ jiànmiàn?

★ 014 오늘은 몇 월 며칠인가요?

今天是几月几号?

Jīntiān shì jǐ yuè jǐ hào?

★ 015 당신의 생일은 몇 월 며칠인가요?

你的生日是几月几号?

Nǐ de shēngrì shì jǐ yuè jǐ hào?

★ 016 경기는 언제 시작하나요?

比赛什么时候开始?

Bǐsài shénmeshíhou kāishǐ?

★ 017 당신은 언제 졸업했나요?

你是什么时候毕业的?

Nǐ shì shénmeshíhou bìyè de?

★ 018 당신의 핸드폰 번호는 무엇인가요?

你的手机号码是多少?

Nǐ de shǒujī hàomǎ shì duōshao?

★ 019 당신은 몇 번 버스를 타고 집으로 가나요?

你坐几路车回家?

Nǐ zuò jǐ lù chē huíjiā?

★ 020 당신은 몇 번 버스를 타고 집으로 돌아가야 하나요?

你得坐几路公交车回家?

Nǐ děi zuò jǐ lù gōngjiāochē huíjiā?

Part 03

쇼핑/금액

패턴 021

多少钱?

Duōshao qián?

뚜어샤오 치엔

'얼마인가요?'라는 의미입니다.

多少 뒤에 명사가 위치하여 묻고자 하는 것에 대해 질문할 수 있습니다.

一百五十八块。 158원입니다.

Yì bǎi wǔshíbā kuài.

이 바이 우스빠 쿠와이

一个八块，买二送一。 1개에 8원이고, 2개 사면 하나 더 줍니다.

Yí ge bā kuài, mǎi èr sòng yī.

이 거 빠 쿠와이, 마이 얼 쑹 이

打九折，三百二十四块。 10% 할인해서 324원입니다.

Dǎ jiǔ zhé, sān bǎi èrshísì kuài.

따 지우 저, 싼 바이 얼스쓰 쿠와이

TIP

折는 '할인, 에누리'를 뜻하는 단어로, 打折는 동사로 [할인하다]를 의미합니다. [打+숫자+折]의 구조로 표현하는데, 예를 들어 打8折는 80%의 가격으로 판다(즉, 20% 세일)는 의미입니다.

관련표현

☑ 얼마예요?

怎么卖?

Zěnme mài?

쩐머 마이

☑ 총 얼마예요?

一共多少钱?

Yígòng duōshao qián?

이꽁 뚜어샤오 치엔

☑ 수박 1근에 얼마인가요?

一斤西瓜多少钱?

Yì jīn xīguā duōshao qián?

이 진 시구아 뚜어샤오 치엔

☑ 가장 비싼 물건은 얼마인가요?

最贵的东西是多少钱?

Zuì guì de dōngxi shì duōshao qián?

쭈이 꾸이 더 똥시 스 뚜어샤오 치엔

단어

卖[mài] 팔다

斤[jīn] 근

西瓜[xīguā] 수박

贵[guì] 비싸다

가격을 물어볼 때 쓸 수 있는 표현입니다. 怎么卖?는 보통 무게를 재서 파는 물건을 물어볼 때 쓸 수 있는 표현이지만 무게를 재지 않는 물건을 살 때도 쓸 수 있습니다.

대화문

A : 얼마예요?

多少钱?

Duōshao qián?

뚜어샤오 치엔

B : 1근에 8원입니다. 2근 사면 15원입니다.

一斤8块，买两斤15块。

Yì jīn bā kuài, mǎi liǎng jīn shíwǔ kuài.

이 진 빠 쿠와이, 마이 리앙 진 스우 쿠와이

A : 그렇군요. 이 딸기는 달아요?

好，这草莓甜不甜啊?

Hǎo, zhè cǎoméi tiánbutián a?

하오, 쩌 차오메이 티엔뿌티엔 아

B : 먼저 맛보세요. 달지 않으면 돈 안 받아요.

您先尝一个，不甜不要钱。

Nín xiān cháng yí ge, bù tián búyào qián.

니 시엔 창 이 거, 뿌 티엔 부이야오 치엔

A : 달아요, 맛있어요! 좀 있다가 다시 와서 살게요.

甜，好吃！回头我再来买。

Tián, hǎochī! Huítóu wǒ zài lái mǎi.

티엔, 하오츠! 후이토우 워 짜이 라이 마이

B : 네! 다시 오세요.

好啊！欢迎您下次再来。

Hǎo a! Huānyíng nín xiàcì zài lái.

하오 아! 후안잉 닌 시아츠 짜이 라이

단어

草莓[cǎoméi] 딸기

甜[tián] 달다

回头[huítóu] 조금 있다가, 나중에

回头는 '조금 있다가, 나중에'라는 의미이고, **一会儿**[yíhuìr]과 같이 쓸 수가 있습니다.

苹果一斤怎么卖?

Píngguǒ yì jīn zěnme mài?
핑구어 이 진 쩐머 마이

패턴 022

'사과는 한 근에 어떻게 파나요?'라는 의미입니다.
怎么卖는 '어떻게 팔다'라는 의미를 가지는데 보통 무게를 재서 물건을 사고자 할 때 물어볼 수 있는 질문입니다.

Part 03 쇼핑/금액

一斤五块八毛。
Yì jīn wǔ kuài bā máo.
이 진 우 쿠와이 빠 마오
한 근에 5.8원입니다.

五块八一斤。
Wǔ kuài bā yì jīn.
우 쿠와이 빠 이 진
한 근에 5.8원입니다.

一斤五块八, 多买便宜点儿。
Yì jīn wǔ kuài bā, duō mǎi piányi diǎnr.
이 진 우 쿠와이 빠, 뚜어 마이 피엔이 디얼
1근에 5.8원이고, 많이 사면 깎아드립니다.

TIP

一斤은 한 근이라는 의미로 한국에서는 600그램이지만 중국에서는 500그램입니다. 一斤 앞에 금액이 놓이기도 하고, 一斤 뒤에 금액이 놓이기도 합니다.

관련표현

☑ 과일 어떻게 팔아요?

水果怎么卖?

Shuǐguǒ zěnme mài?

슈이구어 쩐머 마이

☑ 이 물건은 어떻게 팔아요?

这个东西怎么卖?

Zhège dōngxi zěnme mài?

쩌거 똥시 쩐머 마이

☑ 사과 한 근에 얼마인가요?

一斤苹果多少钱?

Yì jīn píngguǒ duōshao qián?

이 진 핑구어 뚜어샤오 치엔

☑ 가장 싼 것은 얼마인가요?

最便宜的是多少钱?

Zuì piányi de shì duōshao qián?

쭈이 피엔이 더 스 뚜어샤오 치엔

물건을 살 때 가격을 물어볼 때 쓸 수 있는 표현입니다. 东西는 1성과 경성으로 발음하면 '물건'이라는 의미를 가지지만 1성과 1성으로 발음하면 방향을 나타내는 '동서'라는 의미가 됩니다.

단어

苹果[píngguǒ] 사과

便宜[piányi] 싸다

대화문

A : 사과 한 근 어떻게 파나요?

苹果一斤怎么卖?

Píngguǒ yì jīn zěnme mài?

핑구어 이 진 쩐머 마이

B : 한 근에 6.5원입니다. 많이 사면 깎아드립니다.

一斤6块5，多买便宜点儿。

Yì jīn liù kuài wǔ, duō mǎi piányi diǎnr.

이 진 리우 쿠와이 우, 뚜어 마이 피엔이 디얼

A : 5근 살게요. 얼마예요?

我买5斤，多少钱?

Wǒ mǎi wǔ jīn, duōshao qián?

워 마이 우 진, 뚜어샤오 치엔

B : 30원에 드릴게요.

您给我30就行。

Nín gěi wǒ sānshí jiù xíng.

닌 게이 워 산스 지우 싱

A : 더 깎아줄 수 없나요?

能不能再便宜点儿?

Néngbunéng zài piányi diǎnr?

넝뿌넝 짜이 피엔이 디얼

B : 네, 28원에 드릴게요.

好吧，28块卖给您。

Hǎo ba, èrshíbā kuài mài gěi nín.

하오 바, 얼스빠 쿠와이 마이 게이 닌

단어

买[mǎi] 사다

给[gěi] ~에게

怎么卖?는 '어떻게 파나요?'라는 의미를 가집니다. 보통 무게를 재서 파는 물건들의 가격을 물어볼 때 쓸 수 있는 표현입니다. 꼭 무게를 재서 파는 물건만을 물을 때 쓰는 것은 아니고 일상 중에서도 쓸 수 있습니다.

패턴
023

您要买什么?

Nín yào mǎi shénme?
닌 이야오 마이 션머

'당신은 무엇을 사려고 하시나요?'라는 의미입니다.
要는 조동사로 '~을 하려고 하다'라는 뜻입니다.

先看看再说。

Xiān kànkan zài shuō.
시엔 칸칸 짜이 슈어

우선 보고 다시 이야기해요.

我要两杯拿铁咖啡。

Wǒ yào liǎng bēi nátiě kāfēi.
워 이야오 리앙 뻬이 나티에 카페이

저는 카페라떼 두 잔을 원합니다.

给我看看那件衣服。

Gěi wǒ kànkan nà jiàn yīfu.
게이 워 칸칸 나 지엔 이프

저 옷 좀 보여주세요.

TIP

要는 의지, 계획을 나타내는 조동사로 '~하려고 한다'라는 의미입니다. 적극적이고 강한 자신의 의지를 표현합니다. 부정은 일반적으로 不想(~하지 않을 것이다)으로 합니다. 화자의 단호한 어기(語氣)를 나타낼 수 있습니다.

관련표현

☑ 저는 커피 한 잔을 원합니다.

我要买一杯咖啡。

Wǒ yào mǎi yì bēi kāfēi.

워 이야오 이 뻬이 카페이

☑ 어떤 물건을 사려고 하시나요?

您要买哪个东西？

Nín yào mǎi nǎge dōngxi?

닌 이야오 마이 나거 똥시

☑ 저는 어떤 것을 사용할지 모르겠습니다.

我不知道买什么好。

Wǒ bù zhīdào mǎi shénme hǎo.

워 뿌 즈따오 마이 션머 하오

☑ 추천 좀 해주시겠어요?

请推荐一下，好吗？

Qǐng tuījiàn yíxià, hǎo ma?

칭 투이지엔 이시아, 하오 마

단어

杯[bēi] 컵의 양사

咖啡[kāfēi] 커피

推荐[tuījiàn] 추천하다

물건을 살 때 쓸 수 있는 표현으로 의견을 말하거나 의견을 구할 때 쓸 수 있습니다. 상대방에게 추천을 해달라고 할 때 **推荐**이라는 단어를 사용하여 표현할 수 있습니다.

대화문

A : 어떤 것을 사시려고 하나요?

您要买什么?

Nín yào mǎi shénme?

닌 이야오 마이 션머

B : 저는 카페라떼 두 잔을 원합니다. 얼마예요?

我要两杯拿铁咖啡，多少钱?

Wǒ yào liǎng bēi nátiě kāfēi, duōshao qián?

워 이야오 리앙 뻬이 나티에 카페이, 뚜어샤오 치엔

A : 한 잔에 25원이고, 두 잔에 50원입니다.

一杯25块，两杯50块。

Yì bēi èrshíwǔ kuài, liǎng bēi wǔshí kuài.

이 뻬이 얼스우 쿠와이, 리앙 뻬이 우스 쿠와이

B : 100원입니다.

这是一百块的。

Zhè shì yì bǎi kuài de.

쩌 스 이 빠이 쿠와이 더

A : 100원 받았습니다. 50원 거슬러드릴게요. 받으세요.

收您100，找您50。您拿好。

Shōu nín yì bǎi, zhǎo nín wǔshí. Nín ná hǎo.

쇼우 닌 이 빠이, 자오 닌 우스. 닌 나 하오

B : 고맙습니다.

谢谢!

Xièxie!

씨에시에

단어

拿铁咖啡 [nátiě kāfēi] 카페라떼

收 [shōu] 받다

找 [zhǎo] 거슬러주다

找는 '찾다' 외에는 '거슬러주다'라는 의미도 가집니다.

你想换多少钱?

패턴 024

Nǐ xiǎng huàn duōshao qián?

니 시앙 후안 뚜어샤오 치엔

'당신은 얼마를 환전하고 싶나요?'라는 의미입니다.
想은 조동사로 '하고 싶다'라는 뜻입니다.

换一百万韩币。 한국 돈 백만 원을 바꿉니다.

Huàn yì bǎi wàn hánbì.

후안 이 빠이 완 한삐

换一千美元 천 달러를 바꿉니다.

Huàn yì qiān měiyuán.

후안 이 치엔 메이위엔

我想把一百万韩币换成人民币。 저는 한국 돈 백만 원을 인민폐로 바꾸고 싶습니다.

Wǒ xiǎng bǎ yì bǎi wàn hánbì huànchéng rénmínbì.

워 시앙 바 이 빠이 완 한삐 후안청 런민삐

TIP

把[bǎ]는 '~가 …을 -하다'라는 의미로 능동문에 쓰입니다. 주어는 동작을 통해 동작의 대상 把의 목적어에 영향을 주어 대상의 위치를 이동하기도 하고, 동작의 대상 자체에 어떤 변화를 발생하게 합니다.

관련표현

☑ 저는 환전하고 싶습니다.

我想换钱。

Wǒ xiǎng huànqián.

워 시앙 후안치엔

☑ 저는 외환업무를 하고 싶습니다.

我想办理外币兑换业务。

Wǒ xiǎng bànlǐ wàibì duìhuàn yèwù.

워 시앙 빤리 와이삐 뚜이후안 이에우

☑ 얼마를 찾으려고 하시나요?

您要提取多少钱?

Nín yào tíqǔ duōshao qián?

닌 이야오 티취 뚜어샤오 치엔

☑ 얼마를 입금하시려고 하나요?

您有多少钱要存入呢?

Nín yǒu duōshao qián yào cúnrù ne?

닌 여우 뚜어샤오 치엔 이야오 춘루 너

단어

换钱[huànqián]
환전하다

兑换[duìhuàn]
환전하다

业务[yèwù] 업무

存入[cúnrù]
입금하다

은행에서 업무를 할 때 쓸 수 있는 표현입니다. **提取**는 '(돈을) 인출하다'라는 의미이고, **存入**는 '입금하다'라는 의미입니다.

대화문

A : 안녕하세요! 환전을 하고 싶습니다.
您好！我想换钱。
Nín hǎo! Wǒ xiǎng huànqián.
닌 하오! 워 시앙 후안치엔

B : 어떤 돈을 환전하고 싶으시나요?
您想换什么钱？
Nín xiǎng huàn shénme qián?
닌 시앙 후안 션머 치엔

A : 한국 돈을 인민폐로 바꾸려고 합니다.
韩币换成人民币。
Hánbì huànchéng rénmínbì.
한삐 후안청 런민삐

B : 얼마를 환전하고 싶나요?
你想换多少钱？
Nǐ xiǎng huàn duōshao qián?
니 시앙 후안 뚜어샤오 치엔

A : 저는 한국 돈 백만 원을 바꾸려고요.
换一百万韩币。
Huàn yì bǎi wàn hánbì.
후안 이 빠이 완 한삐

B : 한국 돈 백만 원 받았습니다.
收您一百万韩币。
Shōu nín yì bǎi wàn hánbì.
쇼우 닌 이 빠이 완 한삐

단어

韩币[hánbì]
한국 돈

换成[huànchéng]
~로 바꾸다

换钱와 **兑换**는 모두 '환전하다'라는 의미지만 실제 업무에 있어서는 **结汇**[jiéhuì]와 **售汇**[shòuhuì]으로 사용하기도 합니다.

패턴 025

能便宜点儿吗?

Néng piányi diǎnr ma?

넌 피엔이 디얼 마

'좀 깎아줄 수 있나요?'라는 의미입니다.
쇼핑을 하면서 흥정을 할 때 쓸 수 있는 표현입니다.

原价120,卖您100。

Yuánjià yì bǎi èrshí, mài nín yì bǎi.
위엔지아 이 빠이 얼스, 마이 닌 이 빠이

원가는 120원인데, 100원에 팔게요.

便宜10块,要不要?

Piányi shí kuài, yàobuyào?
피엔이 스 쿠와이, 이야오부이야오

10원 깎아드릴게요, 괜찮아요?

不能再便宜了,再便宜我就赔了。

Bùnéng zài piányi le, zài piányi wǒ jiù péi le.
뿌넝 짜이 피엔이 러, 짜이 피엔이 워 지우 페이 러

더 이상 깎아드릴 수 없고, 더 깎아드리면 손해를 봐요.

TIP

再는 동일한 동작이나 상황을 나타내는 것입니다. 어떤 동일한 상황이 중복하여 발생하는 의미를 가지고 있습니다. 주로 가까운 미래를 의미합니다.
今天很晚了,明天再说吧。오늘 늦었으니 내일 다시 이야기합시다.
[Jīntiān hěn wǎn le, míngtiān zàishuōba.]

관련표현

☑ 너무 비싸요.

太贵了。

Tài guì le.

타이 꾸이 러

☑ 할인이 가능하나요?

可以打折吗?

Kěyǐ dǎzhé ma?

커이 따져 마

☑ 더 깎아주실 수 있나요?

能再便宜点，好吗?

Néng zài piányi diǎn, hǎo ma?

넝 짜이 피엔이 디엔, 하오 마

☑ 좋긴 좋은데 가격이 비싸네요.

好是好，就是价格很贵。

Hǎo shì hǎo, jiùshì jiàgé hěn guì.

하오 스 하오, 지우스 지아꺼 헌 꾸이

단어

打折[dǎzhé]
할인하다

价格[jiàgé] 가격

물건을 살 때 쓸 수 있는 표현으로 가격에 대한 의견을 말하거나 에누리를 해줄 수 있는지 묻는 표현을 익혀봅시다. 好是好는 [형용사+是+형용사]의 용법으로 '형용사 하긴 한데'라는 의미로 쓰였습니다.

대화문

A : 깎아줄 수 있나요?

能便宜点儿吗?

Néng piányi diǎnr ma?

넝 피엔이 디얼 마

B : 더 깎아드리면 손해 봐요.

再便宜我就赔了。

Zài piányi wǒ jiù péi le.

짜이 피엔이 워 지우 페이 러

A : 그러면 다른 가게 가서 좀 볼게요.

那我去别的卖家看看。

Nà wǒ qù bié de màijiā kànkan.

나 워 취 비에 더 마이지아 칸칸

B : 서두르지 마시고요, 잘 이야기해봅시다.

您别急着走啊，好说好商量。

Nín bié jízhezǒu a, hǎo shuō hǎo shāngliang

닌 비에 지저쪼우 아, 하오 슈어 하오 샹리앙

A : 얼마나 깎아줄 수 있나요?

便宜多少？

Piányi duōshao?

피엔이 뚜어샤오

B : 저는 20원 정도만 깎아드릴 수 있어요.

我只能再便宜20。

Wǒ zhǐnéng zài piányi èrshí.

워 즈넝 짜이 피엔이 얼스

단어

商量[shāngliang]
상의하다, 의논하다

好说는 본문과는 다른 의미로 다른 사람이 자신에게 감사를 표시하거나 칭찬을 할 때 사용하는 말로 쓸 수 있습니다.

最便宜的东西是多少钱?

패턴 026

Zuì piányi de dōngxi shì duōshao qián?
쭈이 피엔이 더 똥시 스 뚜어샤오 치엔

'가장 싼 물건은 얼마인가요?'라는 의미입니다.
쇼핑을 할 때 가장 저렴한 물건을 사려고 할 때 쓸 수 있는 표현입니다.

15块。
Shíwǔ kuài.
스우 쿠와이
15원입니다.

袜子最便宜，一双两块。
Wàzi zuì piányi, yì shuāng liǎng kuài.
와즈 쭈이 피엔이, 이 슈왕 리앙 쿠와이
양말이 가장 싸고, 한 켤레에 2원입니다.

袜子，一打10块。
Wàzi, yì dǎ shí kuài.
와즈, 이 따 스 쿠와이
양말, 한 타스에 10원입니다.

TIP

중국어는 양사가 많은 언어입니다. 双은 좌우 대칭 혹은 쌍(짝)을 이뤄 사용하는 물건에 사용합니다. 一双手[yì shuāng shǒu] (손), 一双袜子[yì shuāng wàzi] (양말) 一双筷子[yì shuāng kuàizi] (젓가락)

관련표현

☑ 이 물건은 매우 쌉니다.

这个东西最便宜。

Zhège dōngxi zuì piányi.

쩌거 똥시 쭈이 피엔이

☑ 모두 같은 가격입니다.

都是一样的价格。

Dōushì yíyàng de jiàgé.

또우스 이이양 더 지아꺼

☑ 가장 비싼 물건은 얼마인가요?

最贵的东西是多少钱?

Zuì guì de dōngxi shì duōshao qián?

쭈이 꾸이 더 똥시 스 뚜어샤오 치엔

☑ 가장 싼 물건은 무엇인가요?

最便宜的东西是什么?

Zuì piányi de dōngxi shì shénme?

쭈이 피엔이 더 똥시 스 션머

물건을 살 때 쓸 수 있는 표현으로 소비자 입장과 판매자 입장에서 쓸 수 있습니다. 贵는 '비싸다'라는 의미이고, 便宜는 반대되는 의미로 '싸다'라는 의미입니다.

단어

一样[yíyàng]
같다

대화문

A : 가장 싼 물건은 얼마인가요?
最便宜的东西是多少钱?
Zuì piányi de dōngxi shì duōshao qián?
쭈이 피엔이 더 똥시 스 뚜어샤오 치엔

B : 가장 싼 것은 16원입니다.
最便宜的16块。
Zuì piányi de shíliù kuài.
쭈이 피엔이 더 스리우 쿠와이

A : 물건 좀 보여주세요. 이거 품질이 좋지 않네요!
给我看看货吧。这个质量不好啊!
Gěi wǒ kànkan huò ba. Zhège zhìliàng bù hǎo a!
게이 워 칸칸 후어 바. 쩌거 즈리앙 뿌 하오 아

B : 싼 것은 좋은 물건이 없고, 좋은 것은 싸지 않아요.
便宜没好货，好货不便宜。
Piányi méi hǎo huò, hǎo huò bù piányi.
피엔이 메이 하오 후어, 하오 후어 뿌 피엔이

A : 품질 좋은 것은 없나요?
有没有质量好的?
Yǒuméiyou zhìliàng hǎo de?
여우메이여우 즈리앙 하오 더

B : 이거 어때요? 품질도 좋습니다.
您看这个怎么样? 质量也不错。
Nín kàn zhège zěnmeyàng? Zhìliàng yě búcuò.
닌 칸 쩌거 쩐머이양? 즈리앙 이에 부추어

단어

货[huò] 물건

质量[zhìliàng] 품질

중국어로 **质量**은 품질이라는 의미를 가지는데 한국에서 **质量**은 '물체를 이루고 있는 물질의 양'을 의미합니다.

패턴 027

有小一号的鞋吗?

Yǒu xiǎo yí hào de xié ma?
여우 시아오 이 하오 더 시에 마

'한 사이즈 작은 신발 있나요?'라는 의미입니다.
쇼핑을 하다보면 사이즈 관련하여 물어볼 때 쓸 수 있는 표현입니다.

不好意思, 卖没了。 죄송한데, 다 팔렸습니다.
Bùhǎoyìsi, mài méi le.
뿌하오이쓰, 마이 메이러

有, 给您拿来, 您试试。 있어요. 꺼내드릴게요, 신어보세요.
Yǒu, gěi nín ná lái, nín shìshi.
여우, 게이 닌 나 라이, 닌 스스

我去看看, 您稍等。 제가 좀 볼게요. 잠깐만 기다리세요.
Wǒ qù kànkan, nín shāo děng.
워 취 칸칸, 닌 샤오 덩

TIP

卖没了는 '다 팔아서 없다'라는 의미입니다. 같은 의미로 卖完了[mài wán le], 卖光了[mài guāng le]가 있습니다. 卖没了는 '동사+没了'의 용법으로 喝没了[hē méi le] , 吃没了[chī méi le]와 같이 사용할 수 있습니다.

관련표현

☑ 한 치수 큰 신발 있나요?

有大一号的鞋吗?

Yǒu dà yí hào de xié ma?

여우 따 이 하오 더 시에 마

☑ 이 옷은 좀 큽니다.

这件衣服有点儿大。

Zhè jiàn yīfu yǒudiǎnr dà.

쩌 지엔 이프 여우디얼 따

☑ 제가 좀 입어봐도 될까요?

我可以试穿吗?

Wǒ kěyǐ shìchuān ma?

워 커이 스추안 마

☑ 탈의실은 어디인가요?

试衣间在哪儿?

Shìyījiān zài nǎr?

스이지엔 짜이 날

단어

鞋[xié] 신발

有点儿
[yǒudiǎnr]
약간, 좀

试[shì] 시험하다, 시도하다

试衣间[shìyījiān]
탈의실

옷을 살 때 쓸 수 있는 표현으로 사이즈의 유무를 묻거나 기타 관련된 질문을 할 때 쓸 수 있습니다. 试穿는 '입어보다'라는 의미로 입어도 되는지 물을 때 쓸 수 있습니다.

대화문

A : 한 치수 작은 신발 있나요?

有小一号的鞋吗?

Yǒu xiǎo yí hào de xié ma?

여우 시아오 이 하오 더 시에 마

B : 있습니다, 흰색이요. 한번 신어보시겠어요?

有，白色的，您要试试吗?

Yǒu, báisè de, nín yào shìshi ma?

여우, 빠이써 더. 닌 이야오 스스 마

A : 근데 저는 검은색을 사고 싶어요.

可是我想买黑色的。

Kěshì wǒ xiǎng mǎi hēisè de.

커스 워 시앙 마이 헤이써 더

B : 죄송합니다. 검은색은 다 팔렸어요.

不好意思，黑色的卖光了。

Bùhǎoyìsī, hēisè de màiguāng le.

뿌하오이쓰, 헤이써 더 마이꾸왕 러

A : 그러면 파란색 좀 보여주세요.

那就给我看看蓝色的吧。

Nà jiù gěi wǒ kànkan lánsè de ba.

나 지우 게이 워 칸칸 란써 더 바

B : 알겠습니다, 잠시만 기다리세요.

好的，稍等一下。

Hǎo de, shāo děng yíxià.

하오더, 샤오 떵 이시아

단어

黑色[hēisè]
검은색

蓝色[lánsè]
파란색

卖光了는 '깡그리 팔렸다'라는 의미를 가지는데 [동사+**光了**] 용법으로 '깡그리 동사하다'라는 의미를 가집니다. 예를 들어 **吃光了**[chī guāng le], **喝光了**[hē guāng le]와 같은 표현들이 있습니다.

这双鞋大小怎么样?

패턴 028

Zhè shuāng xié dàxiǎo zěnmeyàng?

쩌 슈왕 시에 따시아오 쩐머이양

'이 신발 사이즈 어떤가요?'라는 의미입니다.
쇼핑 시 사이즈가 적당한지 물어볼 때 쓸 수 있는 표현입니다.

有点儿小。 좀 작습니다.
Yǒudiǎnr xiǎo.
여우디얼 시아오

有点儿大，不合脚。 좀 크고, 발에 안 맞아요.
Yǒudiǎnr dà, bù héjiǎo.
여우디얼 따, 뿌 흐어지아오

不大也不小，正好。 크지도 작지도 않고 딱 맞아요.
Bú dà yě bù xiǎo, zhènghǎo.
부 따 이에 뿌 시아오, 쩡하오

TIP

有点儿은 부사로 일반적으로 뒤에는 안 좋은 의미를 동반합니다. 有点儿+[형용사/동사]의 형식이고 '좀, 약간'이라는 의미를 가집니다.
东西有点儿贵。[Dōngxī yǒu diǎnér guì.] 물건이 좀 비쌉니다.

관련표현

☑ 이 신발 사이즈는 딱 맞아요.

这双鞋大小正合适。

Zhè shuāng xié dàxiǎo zhèng héshì.

쩌 슈왕 시에 따시아오 쩡 흐어스

☑ 이 옷은 저한테 맞아요.

这件衣服适合我。

Zhè jiàn yīfu shìhé wǒ.

쩌 지엔 이프 스흐어 워

☑ 이 옷은 당신한테 맞네요.

这件衣服对你很合适。

Zhè jiàn yīfu duì nǐ hěn héshì.

쩌 지엔 이프 뚜이 니 헌 흐어스

☑ 이 신발은 크지도 작지도 않습니다.

这双鞋不大也不小。

Zhè shuāng xié bú dà yě bù xiǎo.

쩌 슈왕 시에 부 따 이에 뿌 시아오

단어

合适[héshì]
(형용사) 알맞다, 적합하다

适合[shìhé]
(동사) 알맞다, 적합하다

옷을 살 때 쓸 수 있는 표현으로 사이즈가 어떤지에 대해 말하는 표현을 익혀봅시다. **适合**는 '알맞다, 적합하다'라는 의미로 동사로 쓰였고, **合适**는 의미는 같지만 품사는 형용사로 쓰였습니다.

대화문

A : 신발 사이즈 어때요?

这双鞋大小怎么样?

Zhè shuāng xié dàxiǎo zěnmeyàng?

쩌 슈왕 시에 따시아오 쩐머이양

B : 역시 좀 발이 조이네요.

还是有点儿挤脚。

Háishi yǒudiǎnr jǐ jiǎo.

하이스 여우디얼 지 지아오

A : 다시 이것 신어보세요. 방금 것보다 반 치수 큰 것입니다.

您再试试这双，比刚才的大半码。

Nín zài shìshi zhè shuāng, bǐ gāngcái de dà bànmǎ.

닌 짜이 스스 쩌 슈왕, 비 깡차이 더 따 빤마

B : 이것은 사이즈가 맞네요. 그런데 디자인이 좋아하는 것이 아니네요.

这双大小合适，不过款式不太喜欢。

Zhè shuāng dàxiǎo héshì, búguò kuǎnshì bútài xǐhuan.

쩌 슈왕 따시아오 흐어스, 부꾸어 쿠안스 부타이 시후안

A : 어떤 디자인을 좋아하시나요?

您喜欢什么款式的?

Nín xǐhuan shénme kuǎnshì de?

닌 시후안 션머 쿠안스 더

B : 저는 깔끔한 스타일을 좋아합니다.

我喜欢简洁一点儿的风格。

Wǒ xǐhuan jiǎnjié yìdiǎnr de fēnggé.

워 시후안 지엔지에 이디얼 더 펑거

단어

挤[jǐ] 촘촘하다, 조이다

简洁[jiǎnjié] 깔끔하다

风格[fēnggé] 스타일

刚才는 시간명사로 주어 앞이나 뒤에 위치합니다. 동작이 완료된 지 얼마 되지 않았음을 나타내고 시간의 범위가 넓습니다. 부정은 **刚才 + 没／不**입니다.

패턴
029

请问，可以试穿吗？

Qǐngwèn, kěyǐ shìchuān ma?
칭원, 커이 스추안 마

'실례지만, 제가 입어봐도 될까요?'라는 의미입니다.
试는 '시도하다'라는 의미를 가지며, 쇼핑 시 옷을 입어볼 수 있는지 물을 때 쓸 수 있는 표현입니다.

可以，试衣间在那边。

가능합니다. 탈의실은 저기입니다.

Kěyǐ, shìyījiān zài nàbian.
커이, 스이지엔 짜이 나비엔

没问题，您坐这儿试一下吧。

문제없습니다. 이곳에 앉아서 입어보세요.

Méi wèntí, nín zuò zhèr shì yíxià ba.
메이 원티, 닌 쭈어 쩔 스 이시아 바

可以，这件是今年秋季新款。

가능합니다. 이것은 올해 가을 새 디자인입니다.

Kěyǐ, zhè jiàn shì jīnnián qiūjì xīnkuǎn.
커이, 쩌 지엔 스 진니엔 치우지 신쿠안

TIP

试는 '시험 삼아 ~해보다'라는 의미를 가집니다. 试衣服，试一试와 같이 사용할 수 있습니다. 试 뒤에 동사가 쓰여서 '시험 삼아 동사하다'라는 의미로 쓰일 수 잇습니다.

관련표현

☑ 입어보셔도 됩니다.

您可以试穿。

Nín kěyǐ shìchuān.

닌 커이 스추안

☑ 제가 입을 사이즈가 있나요?

有我穿的号儿吗?

Yǒu wǒ chuān de hàor ma?

여우 워 추안 더 하올 마

☑ 이 디자인은 하나 남았습니다.

这款就剩这一双了。

Zhè kuǎn jiù shèng zhè yì shuāng le.

쩌 쿠안 지우 셩 쩌 이 슈앙 러

☑ 죄송한데, 이미 다 팔렸습니다.

不好意思，已经卖完了。

Bùhǎoyìsi, yǐjīng màiwán le.

뿌하오이쓰, 이징 마이완 러

가게에서 물건을 살 때 쓸 수 있는 표현으로 원하는 물건이 있는지 물을 때 혹은 다 팔렸다고 할 때 쓸 수 있습니다. 卖完는 다 팔렸다는 의미로 결과 보어로 쓰였습니다. 같은 의미로 卖光了로도 쓸 수 있습니다. [동사+光了]는 '깡그리 동사했다'라고 표현할 수 있습니다.

단어

剩[shèng] 남다

대화문

A : 실례지만 제가 신어봐도 될까요?

请问，可以试穿吗？

Qǐngwèn, kěyǐ shìchuān ma?

칭원, 커이 스추안 마

B : 문제없습니다. 신어보세요.

没问题，您随便试。

Méi wèntí, nín suíbiàn shì.

메이 원티, 닌 수이비엔 스

A : 좀 큰데요. 한 치수 작은 것 있나요?

有点儿大，有没有小一号的？

Yǒudiǎnr dà, yǒuméiyou xiǎo yí hào de?

여우디얼 따, 여우메이여우 시아오 이 하오 더

B : 원하시는 사이즈가 있어요. 신어보세요.

有您想要的号，您试一下。

Yǒu nín xiǎngyào de hào, nín shì yíxià.

여우 닌 시앙이야오 더 하오, 닌 스 이시아

A : 이것은 크지도 작지도 않네요. 얼마예요?

这双不大也不小，多少钱？

Zhè shuāng bú dà yě bù xiǎo, Duōshao qián?

쩌 슈앙 부 따 이에 뿌 시아오, 뚜어샤오 치엔

B : 20% 할인해서 304원에 드릴 수 있어요.

打8折，您给304块就行。

Dǎ bā zhé, nín gěi sān bǎi líng sì kuài jiù xíng.

따 빠 져, 닌 게이 싼 바이 링 쓰 쿠와이 지우 싱

단어

随便[suíbiàn]
마음대로

[不+형용사1+也+不+형용사2]는 각각 서로 반대되는 의미의 형용사가 위치하여 '형용사1 하지도 않고 형용사2 하지 않다'라는 뜻입니다.

不冷也不热。[Bù lěng yě bú rè.] 춥지도 덥지도 않습니다.

我们去哪儿买衣服好呢?

패턴 030

Wǒmen qù nǎr mǎi yīfu hǎo ne?
워먼 취 날 마이 이프 하오 너

'우리 어디 가서 옷을 사는 것이 좋을까요?'라는 의미입니다.
쇼핑을 하러 갈 때 어디로 가야 할지 물을 때 쓸 수 있는 표현입니다.

去百货商场怎么样? 백화점에 가는 것 어때요?
Qù bǎihuòshāngchǎng zěnmeyàng?
취 빠이후어샹창 쩐머이양

去西单购物中心吧。 시단 쇼핑센터 가요.
Qù Xīdān gòuwù zhōngxīn ba.
취 시단 꺼우우 쭝신 바

你想去哪儿?
就听你的。 어디 가고 싶어요? 당신 말 들을게요.
Nǐ xiǎng qù nǎr? Jiù tīng nǐ de.
니 시앙 취 날? 지우 팅 니 더

TIP

就听你的는 '너 말 들을게'라는 뜻입니다. 어떤 의견에 대해 상대방의 말을 듣는다고 할 때 쓸 수 있는 표현입니다. 반대로 '내 말 들어'라고 할 때는 就听我的[jiù tīng wǒ de]라고 할 수 있습니다.

관련표현

☑ 우리 어디 가서 옷 사는 것이 좋을까요?

我们去哪里买衣服好呢?

Wǒmen qù nǎlǐ mǎi yīfu hǎo ne?

워먼 취 나리 마이 이프 하오 너

☑ 당신 말 들을게요. 저도 뭐든 괜찮아요.

就听你的，我什么都可以。

Jiù tīng nǐ dc, wǒ shénme dōu kěyǐ.

지우 팅 니 더, 워 션머 또우 커이

☑ 상관없어요. 정하세요.

无所谓，你定吧。

Wúsuǒwèi, nǐ dìng ba.

우소우웨이, 니 띵 바

☑ 저는 모르니, 당신이 정하는 것이 좋겠어요.

我不知道，还是你决定吧。

Wǒ bù zhīdào, háishi nǐ jué dìng ba.

워 뿌 즈따오, 하이스 니 쥐에띵 바

물건을 살 때 상대방의 의견을 물어보고 답하는 표현을 익혀봅시다. **就听你的**는 상대방의 의견을 듣는다고 할 때 쓸 수 있습니다. **还是**는 '~하는 것이 좋다'라고 해석할 수 있습니다.

단어

无所谓
[wúsuǒwèi]
상관없다

决定[juédìng]
결정하다

대화문

A : 우리 어디 가서 옷을 사는 것이 좋을까요?

我们去哪儿买衣服好呢?

Wǒmen qù nǎr mǎi yīfu hǎo ne?

워먼 취 날 마이 이프 하오 너

B : 시단 쇼핑센터 어때요?

去西单商场怎么样?

Qù xīdān shāngchǎng zěnmeyàng?

취 시단 샹창 쩐머이양?

A : 좋아요, 거기 가요. 언제 갈까요?

好，就去那儿吧。什么时候去?

Hǎo, jiù qù nàr ba. Shénmeshíhou qù?

하오, 지우 취 날 바. 션머스호우 취

B : 일요일에 가요. 토요일은 보통 사람이 많아요.

周日去吧。周六一般人多。

Zhōurì qù ba. Zhōuliù yìbān rén duō.

쪼우르 취 바. 쪼우리우 이빤 런 뚜어

A : 그래요. 어떤 옷을 사고 싶나요?

行。你想买什么衣服?

Xíng. Nǐ xiǎng mǎi shénme yīfu?

싱. 니 시앙 마이 션머 이프

B : 저는 가을에 입을 옷을 사고 싶어요.

我想买秋天穿的。

Wǒ xiǎng mǎi qiūtiān chuān de.

워 시앙 마이 치우티엔 추안 더

단어

一般[yìbān] 보통

秋天[qiūtiān] 가을

无所谓 앞의 주어는 꼭 사람에 한정하지 않습니다. 주어가 생략된 구문에서도 사용이 가능하고, 단독으로 대답이 가능합니다. 또한 '~라고 말할 수 없다, ~로 칠 수 없다'라는 의미도 가지며 목적어를 가집니다.

복습하기 [패턴 021-030] 쇼핑/금액

★ 021 얼마인가요?
多少钱?
Duōshao qián?

★ 022 사과는 한 근에 어떻게 파나요?
苹果一斤怎么卖?
Píngguǒ yì jīn zěnme mài?

★ 023 당신은 무엇을 사려고 하시나요?
您要买什么?
Nín yào mǎi shénme?

★ 024 당신은 얼마를 환전하고 싶나요?
你想换多少钱?
Nǐ xiǎng huàn duōshao qián?

★ 025 좀 깎아줄 수 있나요?
能便宜点儿吗?
Néng piányi diǎnr ma?

★ 026 가장 싼 물건은 얼마인가요?
最便宜的东西是多少钱?
Zuì piányi de dōngxi shì duōshao qián?

★ 027 한 사이즈 작은 신발 있나요?
有小一号的鞋吗?
Yǒu xiǎo yí hào de xié ma?

★ 028 이 신발 사이즈 어떤가요?
这双鞋大小怎么样?
Zhè shuāng xié dàxiǎo zěnmeyàng?

★ 029 실례지만, 제가 입어봐도 될까요?
请问，可以试穿吗?
Qǐngwèn, kěyǐ shìchuān ma?

★ 030 우리 어디 가서 옷을 사는 것이 좋을까요?
我们去哪儿买衣服好呢?
Wǒmen qù nǎr mǎi yīfu hǎo ne?

Part 04

단위

패턴 031

你多大?

Nǐ duō dà?

니 뚜어 따

'나이가 어떻게 되시나요?'라는 의미를 가집니다.
나이를 물어보는 여러 가지 표현이 있는데 동년배나 비슷한 또래에게 물을 때 쓸 수 있는 표현입니다.

我25岁。

Wǒ èrshíwǔ suì.
워 얼스우 수이

저는 25살입니다.

你猜猜。

Nǐ cāicai.
니 차이차이

맞춰보세요.

我跟你差不多，30出头。

Wǒ gēn nǐ chàbuduō, sānshí chūtóu.
워 껀 니 차부뚜어, 싼스 추토우

당신과 비슷해요. 30대 초반이요.

TIP

出头는 여러 가지 의미가 있는데 '남짓하다, 약간 넘다'라는 의미로 쓰입니다.
他已经三十出头了。그는 이미 30이 좀 넘었습니다.
[Tā yǐjīng sānshí chūtóu le.]

관련표현

☑ 몇 살이니?

你几岁?

Nǐ jǐ suì?

니 지 수이

☑ 몇 살이 되었니?

你几岁了?

Nǐ jǐ suì le?

니 지 수이 러

☑ 연세가 어떻게 되시나요?

您多大年纪了?

Nín duō dà niánjì le?

닌 뚜어 따 니엔지 러

☑ 연세가 어떻게 되시나요?

您多大岁数了?

Nín duō dà suìshù le?

닌 뚜어 따 수이슈 러

단어

岁[suì] 살

年纪[niánjì] 연세

岁数[suìshù] 연세

나이가 어떻게 되는지 묻는 표현으로 상대에 따라 다양한 방법으로 질문을 할 수 있습니다. 你几岁了?에서 了가 추가되어서 새로운 상황이 왔음을 표현할 수 있습니다.

대화문

A : 나이가 어떻게 되세요?
你多大?
Nǐ duō dà?
니 뚜어 따

B : 저는 25살입니다. 당신은요?
我25岁，你呢?
Wǒ èrshíwǔ suì, nǐ ne?
워 얼스우 수이, 니 너

A ; 저는 올해 28살입니다.
我今年28。
Wǒ jīnnián èrshíbā.
워 진니엔 얼스빠

B : 남자친구 있어요?
你有男朋友吗?
Nǐ yǒu nánpéngyou ma?
니 여우 난펑여우 마

A : 있어요, 동갑이에요. 여자친구 있어요?
有，他跟你同岁。你有女朋友吗?
Yǒu, tā gēn nǐ tóngsuì. Nǐ yǒu nǚpéngyou ma?
여우, 타 껀 니 통스. 니 여우 뉘펑여우 마

B : 아직 없어요.
还没有。
Hái méiyou.
하이 메이여우

你几岁? 너는 몇 살이니? (10살 미만인 아이에게)
你多大? 당신은 나이가 어떻게 되나요? (비슷하거나 동년배에게)
您多大年纪了? 연세가 어떻게 되세요? (어른에게)

단어

男朋友
[nánpéngyou]
남자친구

同岁[tóngsuì]
동갑

女朋友
[nǚpéngyou]
여자친구

雨伞多长?

Yǔsǎn duō cháng?

위산 뚜어 창

패턴 032

'우산이 얼마나 긴가요?'라는 의미입니다.
어떤 사물에 대한 길이를 물을 때 쓸 수 있는 표현입니다.

70厘米长。 70센티미터입니다.

Qīshí límǐ cháng.
치스 리미 창

有70厘米左右。 70센티미터 정도입니다.

Yǒu qīshí límǐ zuǒyòu.
여우 치스 리미 쪼우여우

折起来23厘米,全打开有69厘米长。 접으면 23센티이고, 다 펴면 69센티미터입니다.

Zhé qǐlái èrshísān límǐ, quán dǎkāi yǒu liùshíjiǔ límǐ cháng.
져 치라이 얼스싼 리미, 취엔 따카이 여우 리우스지우 리미 창

TIP

수량사+左右 (시간 시점): ~정도
五点钟左右[wǔ diǎn zhōng zuǒyòu] 5시 좌우(정도)
五天左右[wǔ tiān zuǒyòu] 5일 정도(한 시점이 아닌, 기간)

관련표현

☑ 빨간 연필은 길이가 얼마나 되나요?

红色铅笔多长?

Hóngsè qiānbǐ duō cháng?

홍써 치엔삐 뚜어 창

☑ 이 연필은 길이가 얼마나 되나요?

这支铅笔有多长?

Zhè zhī qiānbǐ yǒu duō cháng?

쩌 즈 치엔삐 여우 뚜어 창

☑ 연필은 7센티미터입니다.

铅笔七厘米。

Qiānbǐ qī límǐ.

치엔삐 치 리미

☑ 길이는 2미터이고, 폭은 1.5미터입니다.

两米长，一米五宽。

Liǎng mǐ cháng, yì mǐ wǔ kuān.

리앙 미 창, 이 미 우 쿠안

단어

铅笔[qiānbǐ] 연필

宽[kuān]
(면접, 넓이가) 넓다

길이 혹은 폭에 대해 말할 때 단위를 사용할 수 있습니다. 연필이나 볼펜같이 길고 딱딱한 막대를 나타낼 때는 支라는 양사를 씁니다.

대화문

A : 우산은 길이가 어떻게 되나요?

雨伞多长?

Yǔsǎn duō cháng?

위싼 뚜어 창

B : 우산은 56센티미터입니다.

这把雨伞有56厘米。

Zhè bǎ yǔsǎn yǒu wǔshíliù límǐ.

쩌 바 위싼 여우 우스리우 리미

A ; 더 큰 것 있나요?

有没有更大一点儿的?

Yǒuméiyou gèng dà yìdiǎnr de?

여우메이여우 껑 따 이디얼 더

B ; 있어요, 이것은 어때요?

有，您看这把怎么样?

Yǒu, nín kàn zhè bǎ zěnmeyàng?

여우, 닌 칸 쩌 바 쩐머이양

A : 좋아요, 이거 살게요. 얼마예요?

好，就买这把吧，多少钱?

Hǎo, jiù mǎi zhè bǎ ba, duōshao qián?

하오, 지우 마이 쩌 바 바, 뚜어샤오 치엔

B : 120원입니다.

120块。

Yì bǎi èrshí kuài.

이 빠이 얼스 쿠와이

단어

雨伞[yǔsǎn] 우산

更[gèng] 더

把는 양사로 사용합니다. 손잡이가 있는 사물을 지칭할 때 쓸 수 있습니다. 보통 우산이나 의자, 칼, 포크, 수저 등을 말할 때 씁니다.

패턴 033

你个子有多高?

Nǐ gèzi yǒu duō gāo?

니 꺼즈 여우 뚜어 까오

'키가 어떻게 되나요?'라는 의미입니다.
키를 물어볼 때 쓸 수 있는 표현입니다.

1米76。

Yì mǐ qī liù.
이 미 치 리우

1미터 76입니다.

有1米76。

Yǒu yì mǐ qī liù.
여우 이 미 치 리우

1미터 76입니다.

没你高,我1米65。

Méi nǐ gāo, wǒ yì mǐ liù wǔ.
메이 니 까오, 워 이 미 리우 우

당신보다 크지 않아요.
전 1미터 65입니다.

TIP

키를 말할 때는 米를 먼저 말하고 소수점 아래는 숫자를 하나씩 따로 읽어야 합니다.
189cm 一米八九 [yì mǐ bā jiǔ] / 165cm 一米六五 [yì mǐ liù wǔ]

관련표현

☑ 그는 키가 어떻게 되나요?

他有多高?

Tā yǒu duō gāo?

타 여우 뚜어 까오

☑ 그의 키는 1미터 70입니다.

他个子有一米七。

Tā gèzi yǒu yì mǐ qī.

타 꺼즈 여우 이 미 치

☑ 저는 당신보다 더 큽니다.

我比你更高。

Wǒ bǐ nǐ gèng gāo.

워 비 니 껑 까오

☑ 저는 그보다 더 작습니다.

我比他更矮。

Wǒ bǐ tā gèng ǎi.

워 비 타 껑 아이

단어

高[gāo] (키가) 크다

比[bǐ] ~보다

矮[ǎi] (키가) 작다

키를 말하거나 크고 작다는 표현을 활용해봅시다. 키를 말할 때는 **一米七**와 같이 표현할 수도 있지만 170센티미터라고 표현할 수도 있습니다.

대화문

A : 키가 어떻게 되세요?
你个子有多高?
Nǐ gèzi yǒu duō gāo?
니 꺼즈 여우 뚜어 까오

B : 제 키는 1미터 72인데, 당신은요?
我个子 1 米72, 你呢?
Wǒ gèzi yì mǐ qī èr, nǐ ne?
워 꺼즈 이 미 치 얼, 니 너

A : 저는 1미터 83입니다.
我 1 米83。
Wǒ yì mǐ bā sān.
워 이 미 빠 싼

B : 크네요! 집에서 누가 키가 커요?
好高啊! 你家还有谁个子高?
Hǎo gāo a! Nǐ jiā háiyǒu sheí gèzi gāo?
하오 까오 아! 니 지아 하이여우 쉐이 꺼즈 까오

A : 아빠는 1미터 70, 엄마는 1미터 58입니다.
我爸1米 7, 我妈 1 米58。
Wǒ bà yì mǐ qī, wǒ mā yì mǐ wǔ bā.
워 빠 이 미 치, 워 마 이 미 우 빠

B : 그런데 왜 이렇게 크세요?
那你怎么长这么高啊?
Nà nǐ zěnme zhǎng zhème gāo a?
나 니 쩐머 장 쩌머 까오 아

단어

个子[gèzi] 키

这么[zhème] 이렇게

중국어에서 키를 나타낼 때, 미터 단위에 먼저 米를 넣고 그 아래 단위는 숫자를 각각 읽을 수 있습니다. 센티미터를 의미하는 公分[gōngfēn]으로 전체 수를 환산해 읽을 수도 있습니다. 185cm: 1米85 = 一百八十五公分

你体重有多重?

Nǐ tǐzhòng yǒu duō zhòng?

니 티쭝 여우 뚜어 쭝

패턴 034

'몸무게가 어떻게 되나요?'라는 의미입니다.
몸무게를 물어볼 때 쓸 수 있는 표현입니다.

我68公斤。
Wǒ liùshíbā gōngjīn.
워 리우스빠 꽁진

68킬로그램입니다.

66公斤。
Liùshíliù gōngjīn.
리우스리우 꽁진

66킬로그램입니다.

比你胖，71公斤。
Bǐ nǐ pàng, qīshíyī gōngjīn.
비 니 팡, 치스이 꽁진

당신보다 뚱뚱해요. 71킬로그램입니다.

TIP

몸무게를 물어보고 답할 때 斤으로 말할 수 있습니다. 우리는 보통 고기의 무게를 말할 때 斤을 쓰지만 중국에서는 사람의 몸무게를 말할 때도 斤을 씁니다.

관련표현

☑ 그는 나보다 2킬로그램이 무거워요.

他比我重两公斤。

Tā bǐ wǒ zhòng liǎng gōngjīn.

타 비 워 쭝 리앙 꽁진

☑ 저는 당신보다 더 뚱뚱해요.

我比你更胖。

Wǒ bǐ nǐ gèng pàng.

워 비 니 껑 팡

☑ 당신은 나보다 더 말랐네요.

你比我还瘦。

Nǐ bǐ wǒ hái shòu

니 비 워 하이 쇼우

☑ 저는 최근에 살이 많이 쪘습니다.

我最近胖了很多。

Wǒ zuìjìn pàng le hěn duō.

워 쭈이진 팡 러 헌 뚜어

단어

公斤[gōngjīn]
킬로그램

胖[pàng]
뚱뚱하다

瘦[shòu] 마르다

몸무게에 대한 다양한 표현을 익혀봅시다. 비교할 때는 比를 사용하여 표현할 수 있으며, 比 앞에 있는 것이 比 뒤에 있는 것보다 월등함을 나타냅니다.

대화문

A : 체중이 어떻게 되시나요?

你体重有多重?

Nǐ tǐzhòng yǒu duō zhòng?

니 티쭝 여우 뚜어 쭝

B : 저는 74킬로그램입니다. 당신은요?

我74公斤，你呢?

Wǒ qīshísì gōngjīn, nǐ ne?

워 치스쓰 꽁진, 니 너

A : 저는 58킬로그램입니다.

我58公斤。

Wǒ wǔshíbā gōngjīn.

워 우스빠 꽁진

B : 저는 당신보다 16킬로그램이 많습니다.

我比你胖16公斤啊。

Wǒ bǐ nǐ pàng shíliù gōngjīn a.

워 비 니 팡 스리우 꽁진 아

A: 예전에 뚱뚱했는데 다이어트해서 10킬로그램을 뺐습니다.

我以前也很胖，减肥瘦了10多公斤。

Wǒ yǐqián yě hěn pàng, jiǎnféi shòu le shí duō gōngjīn.

워 이치엔 이에 헌 팡, 지엔페이 쇼우 러 스 뚜어 꽁진

B : 저한테 다이어트하는 방법을 알려주세요.

告诉我你减肥的方法吧。

Gàosu wǒ nǐ jiǎnféi de fāngfǎ ba.

까우수 워 니 지엔페이 더 팡파 바

단어

体重[tǐzhòng]
체중

减肥[jiǎnféi]
다이어트

方法[fāngfǎ]
방법

胖[pàng]은 '뚱뚱하다', 瘦[shòu]는 '마르다'입니다.

패턴 035

今天气温多少度?

Jīntiān qìwēn duōshao dù?
진티엔 치원 뚜어샤오 뚜

'오늘 기온이 몇 도인가요?'라는 의미입니다.
밖의 기온을 물어볼 때 쓸 수 있는 표현입니다.

最高气温29度。 최고기온은 29도입니다.
Zuì gāo qìwēn èrshíjiǔ dù.
쭈이 까오 치원 얼스지우 뚜

最低气温20度。 최저기온은 20도입니다.
Zuì dī qìwēn èrshí dù.
쭈이 띠 치원 얼스 뚜

早晚凉,中午热,平均气温24度左右。 아침저녁으로 시원하고, 점심때는 덥고, 평균기온이 24도 정도입니다.
Zǎowǎn liáng, zhōngwǔ rè, píngjūn qìwēn èrshísì dù zuǒyòu.
짜오완 리앙, 쭝우 르어, 핑쥔 치원 얼스쓰 뚜 쭈오여우

TIP

气温[qìwēn]와 温度[wēndù]는 날씨의 온도 정도를 의미합니다. 날씨를 쓸 때 서로 호환이 가능한데 气温는 날씨의 온도만을 표시합니다. 温度의 사용 범위는 더 광범위합니다.

관련표현

☑ 오늘 최고기온은 몇 도인가요?

今天最高气温多少度?

Jīntiān zuì gāo qìwēn duōshao dù?

진티엔 쭈이 까오 치원 뚜어샤오 뚜

☑ 오늘 최저기온은 몇 도인가요?

今天最低气温多少度?

Jīntiān zuì dī qìwēn duōshao dù?

진티엔 쭈이 띠 치원 뚜어샤오 뚜

☑ 오늘 낮 최고기온은 25도입니다.

今天白天的最高气温是25度。

Jīntiān báitiān de zuì gāo qìwēn shì èrshíwǔ dù.

진티엔 바이티엔 더 쭈이 까오 치원 스 얼스우 뚜

☑ 오늘 춥지도 덥지도 않습니다.

今天不冷也不热。

Jīntiān bù lěng yě bú rè.

진티엔 뿌 렁 이에 부 르어

不冷也不热와 같이 [不+형용사1+也+不+형용사2]의 형식은 '형용사1하지도 않으며 형용사2하지도 않다'는 의미를 가집니다.

단어

气温[qìwēn] 기온

대화문

A : 오늘 기온이 몇 도인가요?

今天气温多少度?

Jīntiān qìwēn duōshao dù?

진티엔 치원 뚜어샤오 뚜

B : 오늘 가장 높은 온도는 29도입니다.

今天最高气温29度。

Jīntiān zuì gāo qìwēn èrshíjiǔ dù.

진티엔 쭈이 까오 치원 얼스지우 뚜

A : 가장 낮은 기온은요?

最低气温呢?

Zuì dī qìwēn ne?

쭈이 띠 치원 너

B : 가장 낮은 기온은 20도입니다.

最低气温20度。

Zuì dī qìwēn èrshí dù.

쭈이 띠 치원 얼스 뚜

A : 아침저녁으로 시원하고, 점심에는 덥네요.

早晚凉，中午热。

Zǎowǎn liáng, zhōngwǔ rè.

짜오완 리앙, 쭝우 르어

B : 아침저녁 온도 차가 큽니다. 감기 조심하세요.

早晚温差大，小心感冒。

Zǎowǎn wēnchā dà, xiǎoxīn gǎnmào.

짜오완 원차 따, 시아오신 간마오

단어

凉[liáng] 시원하다

热[rè] 덥다

小心[xiǎoxīn] 조심하다

感冒[gǎnmào] 감기 걸리다

날씨 관련 어휘도 익혀볼까요?

晴[qíng] 맑다 / **阴** [yīn] 흐리다 / **下雨** [xiàyǔ] 비가 오다 / **下雪** [xiàxuě] 눈이 오다 / **刮风** [guāfēng] 바람이 불다 / **暖和** [nuǎn huo] 따뜻하다

电影院离这儿多远?

Diànyǐngyuàn lí zhèr duō yuǎn?

띠엔잉위엔 리 쩔 뚜어 위엔

패턴 036

'영화관은 이곳으로부터 얼마나 머나요?'라는 의미를 가집니다.
어떤 지점에서 어느 지점까지 거리가 어떻게 되는지 물어볼 때 쓸 수 있는 표현입니다.

不远，就在前面。 멀지 않아요. 바로 앞에 있습니다.

Bù yuǎn, jiù zài qiánmiàn.

뿌 위엔, 지우 짜이 치엔미엔

走路的话，得走20分钟。 걸어서 가면, 20분 걸립니다.

Zǒulù de huà, děi zǒu èrshí fēnzhōng.

쪼우 루 더 화, 데이 쪼우 얼스 펀쭝

离这儿有点儿远。 이곳으로부터 좀 멀어요.

Lí zhèr yǒudiǎnr yuǎn.

리 쩔 여우디얼 위엔

TIP

离는 장소를 나타내는 목적어 앞에 쓰여 '~에서부터' 라는 의미입니다.
明洞离这儿远不远？ 명동은 여기서 멀어요? 안 멀어요?
图书馆离教室很近。 도서관은 교실에서 매우 가깝다.

관련표현

☑ 회사는 이곳으로부터 머나요?

公司离这儿远吗?

Gōngsī lí zhèr yuǎn ma?

꽁쓰 리 쩔 위엔 마

☑ 회사는 이곳으로부터 그다지 멀지 않습니다.

公司离这儿不太远。

Gōngsī lí zhèr bútài yuǎn.

꽁쓰 리 쩔 부타이 위엔

☑ 영화관은 이곳으로부터 머나요?

电影院离这儿远吗?

Diànyǐngyuàn lí zhèr yuǎn ma?

띠엔잉위엔 리 쩔 위엔 마

☑ 전철 타고 가는 것이 좋겠어요.

还是坐地铁吧。

Háishi zuò dìtiě ba.

하이스 쭈어 띠티에 바

단어

离[lí] ~로부터

电影院
[diànyǐngyuàn]
영화관

거리에 대해 말할 수 있는 표현으로 거리가 먼지 가까운지에 대해 말할 수 있습니다. 일반적으로 离가 나오게 되면 서술어로는 형용사가 위치하게 됩니다.

대화문

A : 제가 영화 보여드리고 싶은데 어때요?

我今天请你看电影，怎么样？

Wǒ jīntiān qǐng nǐ kàn diànyǐng, zěnmeyàng?

워 진티엔 칭 니 칸 띠엔잉, 쩐머이양

B : 무슨 영화요? 재미있나요?

什么电影？有意思吗？

Shénme diànyǐng? Yǒu yìsi ma?

션머 띠엔잉? 여우 이쓰 마

A : 재미있어요. 택시운전사예요.

有意思，出租车司机。

Yǒu yìsi, chūzūchē sījī.

여우 이쓰, 추주처 쓰지

B : 영화관이 이곳으로부터 머나요?

那家电影院离这儿多远？

Nà jiā diànyǐngyuàn lí zhèr duō yuǎn?

나 지아 띠엔잉위엔 리 쩔 뚜어 위엔

A : 버스 타면 20분이면 바로 도착해요.

坐公交车20分左右就能到。

Zuò gōngjiāochē èrshí fēn zuǒyòu jiù néng dào

쭈어 꽁지아오처 얼스 펀 쭈우여우 지우 넝 따오

B : 좋아요, 몇 시 영화예요?

好啊，几点的？

Hǎo a, jǐ diǎn de?

하오 아, 지 디엔 더

단어

电影[diànyǐng]
영화

영화 장르는 여러 가지가 있습니다. **动画片**[dònghuàpiàn] 애니메이션 영화 **爱情片**[àiqíngpiàn] 로맨스 영화, **喜剧片**[xǐjùpiàn] 코미디 영화, **动作片**[dòngzuòpiàn] 액션 영화, **恐怖片**[kǒngbùpiàn] 공포영화

패턴 037

房子有多少平?

Fángzi yǒu duōshao píng?

팡즈 여우 뚜어샤오 핑

'집은 평수가 어떻게 되나요?'라는 의미입니다.
집의 평수를 물어볼 때 쓸 수 있는 표현으로 한국과 중국의 평수 계산법은 다릅니다.

房子有100平。 집은 100평입니다.
Fángzi yǒu yì bǎi píng.
팡즈 여우 이 바이 핑

房子不到80平。 집은 80평이 안 됩니다.
Fángzi bú dào bāshí píng.
팡즈 부 따오 빠스 핑

房子至少200平。 집은 적어도 200평입니다.
Fángzi zhìshǎo èr bǎi píng.
팡즈 즈샤오 얼 바이 핑

TIP

한국과 중국에서 평수 계산법이 다릅니다. 한국의 1평은 3.3m^2인데 반해 중국의 1평은 1m^2이므로 똑같은 평수라 해도 실제 면적이 다릅니다.

관련표현

☑ 집 면적이 얼마인가요?

房子面积有多大?

Fángzi miànjī yǒu duō dà?

팡즈 미엔지 여우 뚜어 따

☑ 집 면적은 작지 않습니다.

房子面积不小。

Fángzi miànjī bù xiǎo.

팡즈 미엔지 뿌 시아오

☑ 집 면적이 크지 않지만 공간은 넓습니다.

房子面积不大，但是空间宽敞。

Fángzi miànjī bú dà, dànshì kōngjiān kuānchǎng.

팡즈 미엔지 부 따, 딴스 콩지엔 쿠안창

☑ 공장은 몇 평인가요?

工厂多少平?

Gōngchǎng duōshao píng?

꽁창 뚜어샤오 핑

단어

房子[fángzi] 집

面积[miànjī] 면적

空间[kōngjiān] 공간

宽敞[kuānchǎng] 넓다

工厂[gōngchǎng] 공장

면적에 관한 표현을 익혀봅시다. **多大**는 나이를 물어볼 때도 쓸 수 있지만 예문에 나온 것과 같이 면적을 물어볼 때도 쓸 수 있습니다.

대화문

A : 환영합니다.

欢迎光临。

Huānyíng guānglín.

후안잉 꾸왕린

B : 안녕하세요, 저는 집을 구하고 싶은데요.

你好，我想租一个房子。

Nǐ hǎo, wǒ xiǎng zū yí ge fángzi.

니 하오, 워 시앙 쭈 이 거 팡즈

A : 네, 이곳은 어떠세요?

好的，您看这里怎么样？

Hǎo de, nín kàn zhèli zěnmeyàng?

하오 더, 닌 칸 쩌리 쩐머이양

B : 매우 좋은데요, 집 면적이 몇 평인가요?

挺不错的，房子面积有多少平？

Tǐng búcuò de, fángzi miànjī yǒu duōshao píng?

팅 부추어 더, 팡즈 미엔지 여우 뚜어샤오 핑

A : 80평 정도 됩니다.

有80平左右。

Yǒu bāshí píng zuǒyòu.

여우 빠스 핑 쭈어여우

B : 저 혼자 살아서, 좀 큰 것 같아요.

我一个人住，有点太大了。

Wǒ yí ge rén zhù, yǒudiǎn tài dà le.

워 이 거 런 쭈, 여우디얼 타이 따 러

단어

租[zū] 세를 내다

挺[tǐng] 매우

房子는 지붕, 벽, 문, 창 등이 갖추어진 완전한 건축물을 말하며 집을 의미합니다. **房间**[fángjiān]와 **屋子**[wūzi]는 집 내부의 분리된 방을 의미합니다.

绳子有多粗?

Shéngzi yǒu duō cū?
셩즈 여우 뚜어 추

패턴 038

'끈이 얼마나 굵은가요?'라는 의미입니다.
끈의 굵기를 물을 때 쓸 수 있는 표현입니다.

5厘米左右。 5센티미터 정도입니다.
Wǔ límǐ zuǒyòu.
우 리미 쭈어여우

不到1厘米。 1센티미터가 안 됩니다.
Bú dào yì límǐ.
부 따오 이 리미

大概有三毫米。 대략 3밀리미터입니다.
Dàgài yǒu sān háomǐ.
따까이 여우 싼 하오미

TIP

A有多B?는 'A가 얼마나 B하나요?'라는 의미로 B에 쓰인 형용사의 사태가 어느 정도인지 묻는 표현입니다. A에는 명사인 대상이 오고 B에는 그 상태를 나타내는 형용사를 씁니다.

관련표현

☑ 혈관보다 더 가늘어야 합니다.

比血管还要细。

Bǐ xuèguǎn hái yào xì.

비 쉬에구안 하이 이야오 시

☑ 어린아이 어깨가 굵습니다.

小孩胳膊那么粗。

Xiǎohái gēbó nàme cū.

시아오하이 꺼뽀 나머 추

☑ 묶을 수 있을 정도의 굵기입니다.

能绑东西的粗细程度。

Néng bǎng dōngxi de cūxì chéngdù.

넝 빵 또이 더 추시 청뚜

☑ 그녀의 다리가 얼마나 가는가요?

她的腿有多细?

Tā de tuǐ yǒu duō xì?

타 더 투이 여우 뚜어 시

단어

血管[xuèguǎn] 혈관

细[xì] 가늘다

胳膊[gēbó] 어깨

程度[chéngdù] 정도

두께가 어떤지에 대해 말하는 표현을 익혀봅시다. 사물이나 사람의 신체 일부를 표현할 때 가늘고 굵다라고 할 때 쓸 수 있는 표현입니다.

대화문

A : 안녕하세요, 저는 끈을 사고 싶은데요.

你好，我想买根绳子。

Nǐ hǎo, wǒ xiǎng mǎi gēn shéngzi.

니 하오, 워 시앙 마이 껀 셩즈

B : 네, 저거 어떤가요?

好的，那个怎么样？

Hǎo de, nàge zěnmeyàng?

하오 더, 나거 쩐머이양

A : 그 끈은 얼마나 굵은가요?

那根绳子有多粗？

Nà gēn shéngzi yǒu duō cū?

나 껀 셩즈 여우 뚜어 추

B : 대략 5센티미터 정도입니다.

大概5厘米左右。

Dàgài wǔ límǐ zuǒyòu.

따까이 우 리미 쭈어여우

A : 튼튼한가요? 저는 물건을 묶으려고 합니다.

结实吗？我打算打包东西用。

Jiéshi ma? Wǒ dǎsuan dǎbāo dōngxi yòng.

지에스 마? 워 따수안 따빠오 똥시 용

B : 삼노끈이라, 튼튼합니다.

是麻绳，很结实。

Shì máshéng, hěn jiéshi.

스 마셩, 헌 지에스

结实는 두 가지의 의미로 쓰입니다. **结实**[jiēshí]로 쓸 경우 '열매를 맺다'라는 의미를 가집니다. **结实**[jiēshi]로 쓸 경우 '튼튼하다, 견고하다, 질기다'라는 의미를 가집니다.

단어

绳子[shéngzi] 끈

打包[dǎbāo]
포장하다

麻绳[máshéng]
삼노끈

结实[jiéshi]
튼튼하다, 질기다

패턴 039

箱子有多宽?

Xiāngzi yǒu duō kuān?

시앙즈 여우 뚜아 쿠안

'상자는 얼마나 넓습니까?'라는 의미입니다.
사물의 크기를 물을 때 쓸 수 있는 표현입니다.

大概30厘米。
Dàgài sānshí límǐ.
따까이 싼스 리미

대략 30센티미터입니다.

10公分左右。
Shí gōngfēn zuǒyòu.
스 꽁펀 쭈어여우

10센티미터 정도입니다.

箱子宽两尺。
Xiāngzi kuān liǎng chǐ.
시앙즈 쿠안 리앙 츠

상자 폭이 66센티 정도입니다.

TIP

大概는 수량을 예상할 때 사용하는 단어로, 여러 품사로 사용할 수 있습니다. 부사로 '대략, 대체로', 형용사로 '대략적인', 명사로 '대강, 대충'이라는 뜻입니다.

관련표현

☑ 수영장은 폭이 얼마나 되나요?

泳池有多宽?

Yǒngchí yǒu duō kuān?

용츠 여우 뚜어 쿠안

☑ 그 길은 폭이 얼마나 되나요?

那条路有多宽?

Nà tiáo lù yǒu duō kuān?

나 티아오 루 여우 뚜어 쿠안

☑ 상자의 폭은 2개의 핸드폰을 놓을 수 있습니다.

箱子宽度能放下两部手机。

Xiāngzi kuāndù néng fàng xià liǎng bù shǒujī.

시앙즈 쿠안뚜 넝 팡 시아 리앙 뿌 쇼우지

☑ 상자는 A4만큼의 폭입니다.

箱子有a4纸那么宽。

Xiāngzi yǒu a4 zhǐ nàme kuān.

시앙즈 여우 에이포 즈 나머 쿠안

단어

泳池[yǒngchí]
수영장

箱子[xiāngzi]
상자

宽[kuān] 폭

사물의 폭이 어떤지에 대해 표현해봅시다. 有는 '~만큼' 이라는 의미로 비교를 할 때 사용이 가능합니다.

대화문

A : 안녕하세요, 저는 택배를 보내고 싶습니다.

你好，我想寄一个快递。

Nǐ hǎo, wǒ xiǎng jì yí ge kuàidì.

니 하오, 워 시앙 지 이 거 쿠와이띠

B : 네, 상자를 포장할 것이 있나요?

好的，有箱子包装吗？

Hǎo de, yǒu xiāngzi bāozhuāng ma?

하오 더, 여우 시앙즈 빠오쭈앙 마

A : 있습니다. 저는 이미 포장을 했습니다.

有的，我已经包装好了。

Yǒu de, wǒ yǐjīng bāozhuāng hǎo le.

여우 더, 워 이징 빠오쭈앙 하오 러

B : 상자 폭은 어떻게 되나요?

箱子有多宽？

Xiāngzi yǒu duō kuān?

시앙즈 여우 뚜어 쿠안

A : 아마도 80센티미터 정도 됩니다.

可能有80公分左右。

Kěnéng yǒu bāshí gōngfēn zuǒyòu.

커넝 여우 빠스 공펀 쭈어여우

B : 그럼 폭을 초과하네요.

那有可能超宽了。

Nà yǒu kěnéng chāo kuān le.

나 여우 커넝 차오 쿠안 러

단어

快递[kuàidì]
택배

包装[bāozhuāng]
포장

可能은 어떤 일에 대한 가능성을 나타내는 부사입니다. 단순히 그럴 가능성이 있으리라는 것을 짐작하고 설명합니다. 긍정, 부정을 가리지 않고, 명사와 형용사로도 사용이 됩니다.

书有多厚?

Shū yǒu duō hòu?
슈 여우 뚜어 호우

패턴 040

'책은 얼마나 두껍나요?'라는 의미를 가집니다.
사물의 두께를 물을 때 쓸 수 있는 표현입니다.

大概10厘米。
Dàgài shí límǐ .
따까이 스 리미
대략 10센티미터입니다.

很薄，没几页。
Hěn báo, méi jǐ yè.
헌 빠오, 메이 지 이에
얇고, 몇 페이지가 안 됩니다

有点厚，估计得有600多页。
Yǒudiǎn hòu, gūjì děi yǒu liù bǎi duō yè.
여우딘 호우, 꾸지 데이 여우 리우 바이 뚜어 이에
좀 두껍고, 600여 페이지 정도 예상됩니다.

TIP

估计은 대체로 추측하고 상상할 수 없는 일을 의미합니다. 지나간 일, 미래의 일을 의미하기도 합니다. 사람의 객관적인 조건 혹은 상황에 대한 것들 즉, 성별, 국적, 직업, 능력, 수준 등에 관한 것이 해당됩니다.

관련표현

☑ 이불은 얼마나 두껍나요?

被子有多厚?

Bèizi yǒu duō hòu?

뻬이즈 여우 뚜어 호우

☑ 노트북은 얼마나 얇나요?

笔记本电脑有多薄?

Bǐjìběn diànnǎo yǒu duō báo?

비지뻔 띠엔나오 여우 뚜어 빠오

☑ 두꺼운 것은 사해사전과 비슷합니다.

厚的跟辞海差不多了。

Hòu de gēn cíhǎi chàbuduō le.

호우 더 껀 츠하이 차부뚜어 러

☑ 잡지보다 더 얇습니다.

比杂志还要薄。

Bǐ zázhì hái yào báo.

비 자즈 하이 이야오 빠오

단어

厚[hòu] 두껍다

薄[báo] 얇다

辞海[cíhǎi] 사해(단어와 각종 영역의 어휘를 수록한 종합적인 대형 사전)

杂志[zázhì] 잡지

사물의 두께에 대해 말할 수 있는 표현으로 두꺼운지 얇은지에 대해 말할 수 있습니다. 差不多는 '차이가 크지 않다'라는 의미로 비슷하다라고 할 때 쓸 수 있는 표현입니다. 중국에서 가장 많이 들을 수 있는 표현 중 하나입니다.

대화문

A : 안녕하세요, 저는 이 책을 사고 싶습니다.
你好，我想买这本书。
Nǐ hǎo, wǒ xiǎng mǎi zhè běn shū.
니 하오, 워 시앙 마이 쩌 뻔 슈

B : 안녕하세요, 이 책은 지금 품절입니다.
你好，这本书现在缺货。
Nǐ hǎo, zhè běn shū xiànzài quēhuò.
니 하오, 쩌 뻔 슈 시엔짜이 취에후어

A : 그래요? 그럼 예약이 가능한가요?
是吗？那可以预定吗？
Shì ma? Nà kěyǐ yùdìng ma?
스 마? 나 커이 위띵 마

B : 가능합니다. 그런데 이 책은 좀 두꺼워요.
可以，不过这本书有点厚。
Kěyǐ, búguò zhè běn shū yǒudiǎn hòu.
커이, 부꾸어 쩌 뻔 슈 여우디엔 호우

A : 이 책은 얼마나 두껍나요?
这本书有多厚？
Zhè běn shū yǒu duō hòu?
쩌 뻔 슈 여우 뚜어 호우

B : 사해사전보다 더 두껍습니다.
比辞海还厚点。
Bǐ cíhǎi hái hòu diǎn.
비 츠하이 하이 호우 디엔

단어

缺货[quēhuò]
품절되다

预定[yùdìng]
예약하다

辞海는 1908년 편집을 시작하여 수차례 수정을 거친 사전입니다. 1936년 처음 발간한 각종 영역의 어휘를 수록한 종합 대형 사전으로, 12,890개의 단음절 단어와 84,134개의 다음절 단어 총 97,024개의 단어를 수록하고 있습니다.

복습하기 [패턴 031-040] 단위

★ 031 나이가 어떻게 되시나요?

你多大?

Nǐ duō dà?

★ 032 우산이 얼마나 긴가요?

雨伞多长?

Yǔsǎn duō cháng?

★ 033 키가 어떻게 되나요?

你个子有多高?

Nǐ gèzi yǒu duō gāo?

★ 034 몸무게가 어떻게 되나요?

你体重有多重?

Nǐ tǐzhòng yǒu duō zhòng?

★ 035 오늘 기온이 몇 도인가요?

今天气温多少度?

Jīntiān qìwēn duōshao dù?

★ 036 영화관은 이곳으로부터 얼마나 머나요?

电影院离这儿多远?

Diànyǐngyuàn lí zhèr duō yuǎn?

★ 037 집은 평수가 어떻게 되나요?

房子有多少平?

Fángzi yǒu duōshao píng?

★ 038 끈이 얼마나 굵은가요?

绳子有多粗?

Shéngzi yǒu duō cū?

★ 039 상자는 얼마나 넓습니까?

箱子有多宽?

Xiāngzi yǒu duō kuān?

★ 040 책은 얼마나 두껍나요?

书有多厚?

Shū yǒu duō hòu?

Part 05

만남

패턴 041

你在哪儿?

Nǐ zài nǎr?

니 짜이 날

'당신은 어디에 있나요?'라는 의미입니다.
상대방이 어떤 장소에 있는지 물을 때 쓸 수 있는 표현입니다.

我在公司。 저는 회사에 있습니다.
Wǒ zài gōngsī.
워 짜이 꽁쓰

我在外面。 저는 밖에 있습니다.
Wǒ zài wàimiàn.
워 짜이 와이미엔

我在回家的路上。 저는 집에 돌아가는 길에 있습니다.
Wǒ zài huíjiā de lùshang.
워 짜이 후이지아 더 루샹

TIP

哪儿은 장소를 물을 때 쓸 수 있습니다. 哪儿와 哪里는 의미는 같지만 哪儿은 구어체에서 많이 사용합니다.

관련표현

☑ 어디에 있어요?

你在哪里?

Nǐ zài nǎlǐ?

니 짜이 나리

☑ 우리 어디에서 만나요?

我们在哪儿见面?

Wǒmen zài nǎr jiànmiàn?

워먼 짜이 날 지엔미엔

☑ 어디에서 무엇을 하나요?

你在哪儿做什么?

Nǐ zài nǎr zuò shénme?

니 짜이 날 쭈어 션머

☑ 저는 도서관에서 책을 봐요.

我在图书馆看书。

Wǒ zài túshūguǎn kànshū.

워 짜이 투슈관 칸슈

어디에서 무엇을 하는지 물어보고 답할 때 쓸 수 있는 표현입니다. 의문대명사 哪里, 哪儿을 사용하여 표현할 수 있습니다.

단어

图书馆
[túshūguǎn]
도서관

대화문

A : 어디에 있어요?

你在哪儿?

Nǐ zài nǎr?

니 짜이 날

B : 저는 회사 문 앞에 있어요.

我在公司门口。

Wǒ zài gōngsī ménkǒu.

워 짜이 꽁쓰 먼코우

A : 거기에서 절 기다리세요. 제가 모시러 갈게요.

你就在那儿等我，我去接你。

Nǐ jiù zài nàr děng wǒ, wǒ qù jiē nǐ.

니 지우 짜이 날 떵 워, 워 취 지에 니

B : 알겠습니다.

好的。

Hǎo de.

하오 더

A : 차가 막혀서, 30분이 지나야 도착해요.

路上堵车，我大概半个小时以后才能到。

Lùshang dǔchē, wǒ dàgài bàn ge xiǎoshí yǐhòu cái néng dào.

루샹 두처 워 따까이 빤 거 시아오스 이호우 차이 넝 따오

B : 서두르지 말고, 안전 운전해서 오세요.

不急，开车注意安全。

Bù jí, kāichē zhùyì ānquán.

뿌 지, 카이처 쭈이 안취엔

注意[zhùyì]는 '주의하다'라는 뜻이고 **主意**[zhǔyi]는 '생각'이라는 뜻입니다.

단어

小时[xiǎoshí] 시간

以后[yǐhòu] 이후

注意[zhùyì] 주의하다

安全[ānquán] 안전

你怎么了?

Nǐ zěnme le?

니 쩐머 러

패턴 042

'왜 그러는데요?'라는 의미입니다.
보통 상대방이 평소와 다를 때 무슨 일이 있는지 물어볼 때 쓸 수 있는 표현입니다.

我有点儿不舒服。 제가 좀 불편하네요.
Wǒ yǒudiǎnr bù shūfu.
워 여우디얼 뿌 슈프

我有点儿头晕。 좀 현기증이 나요.
Wǒ yǒudiǎnr tóuyūn.
워 여우디얼 토우윈

我喝多了。 많이 마셨어요.
Wǒ hē duō le.
워 흐어 뚜어 러

TIP

怎么는 '어떻게'로, [怎么+동사]용법으로 동작 방식을 이야기하고, 부사 역할을 합니다. 원인을 물을 때 '이상하다, 왜 그래' 라는 어감을 가집니다.
你怎么才来?[Nǐ zěnme cái lái?] 넌 왜 이제야 오니?

관련표현

☑ 무슨 일 있어요?

有什么事吗?

Yǒu shénme shì ma?

여우 션머 스 마

☑ 아무 일 없어요.

没有什么事。

Méiyou shénme shì.

메이여우 션머 스

☑ 도대체 왜 그래요?

你到底怎么了?

Nǐ dàodǐ zěnme le?

니 따오띠 쩐머 러

☑ 왜 그러시나요?

你怎么这样?

Nǐ zěnme zhèyàng?

니 쩐머 쩌이양

누군가가 문제가 있는지 질문을 하거나 답을 할 때 쓸 수 있는 표현입니다. 怎么는 '어떻게, 왜'라는 의미인데 상대방이 평소와 다른 언행을 할 때 쓸 수 있는 표현입니다.

단어

到底[dàodǐ]
도대체

대화문

A : 왜 그래요?
你怎么了？
Nǐ zěnme le?
니 쩐머 러

B : 제가 좀 불편해요.
我有点儿不舒服。
Wǒ yǒudiǎnr bù shūfu.
워 여우디얼 뿌 슈프

A : 어디가 불편하세요?
哪儿不舒服？
Nǎr bù shūfu?
날 뿌 슈프

B : 머리가 아프고, 열도 나요.
头疼，还有点儿发烧。
Tóuténg, hái yǒudiǎnr fāshāo.
토우텅, 하이 여우디얼 파샤오

A : 제가 볼게요. 입 벌려보세요, 감기네요.
让我看看，张嘴，是感冒了。
Ràng wǒ kànkan, zhāngzuǐ, shì gǎnmào le.
랑 워 칸칸, 쟝쭈이, 스 간마오 러

B : 심각하나요?
要紧吗？
Yàojǐn ma?
이야오진 마

단어

发烧[fāshāo]
열이 나다

张嘴[zhāngzuǐ]
입을 열다

要紧[yàojǐn]
심각하다

要紧은 '심하다, 심각하다' 외에 '중요하다, 소중하다'라는 뜻도 있습니다.
身体最要紧，你可要注意。 건강이 매우 중요하니, 주의해야 합니다.
[Shēntǐ zuì yàojǐn, nǐ kě yào zhùyì.]

패턴 043

感觉怎么样?

Gǎnjué zěnmeyàng?

깐쥐에 쩐머이양

'느낌은 어때요?'라는 의미입니다.
怎么样은 '어떠하다'라는 의미인데 앞에 대상을 넣어서 대상이 '어떠하다'라는 의미를 물어볼 때 쓸 수 있는 표현입니다.

好极了。 너무 좋아요.
Hǎo jí le.
하오 지 러

没什么特别的感觉。 특별한 느낌이 없어요.
Méi shénme tèbié de gǎnjué.
메이 션머 트어비에 더 깐쥐에

非常痛快。 매우 기분이 좋습니다.
Fēicháng tòngkuài.
페이창 통쿠와이

TIP

感觉는 직접적으로 동사형의 목적어를 가질 수 있습니다. 感受[gǎnshòu]는 동사 역할을 할 때, 到와 함께 感受到로 쓰여야 뒤에 명사형 목적어를 가질 수 있습니다. 일반적으로 동사형 목적어를 가지지 않습니다.

관련표현

☑ 느낌이 좋지 않습니다.

感觉不怎么样。

Gǎnjué bù zěnmeyàng.

깐쥐에 뿌 쩐머이양

☑ 그럭저럭입니다.

还可以吧。

Kái kěyǐ ba.

하이 커이 바

☑ 말도 꺼내지 마세요.

别提了。

Bié tí le.

비에 티 러

☑ 기분이 좋습니다.

感觉很开心。

Gǎnjué hěn kāixīn.

깐쥐에 헌 카이신

단어

感觉[gǎnjué] 느낌

提[tí] 제기하다

开心[kāixīn] 기쁘다

기분이 어떤지에 대해 물어보고 답할 때 쓸 수 있는 표현입니다. **别提了**는 어떤 일에 대해 물어볼 때 언급도 하기 싫다고 말하는 표현입니다.

대화문

A : 느낌 어때요?

感觉怎么样?

Gǎnjué zěnmeyàng?

깐쥐에 쩐머이양

B : 이틀 쉬었고, 좋아졌어요.

又休了两天，感觉好多了。

Yòu xiū le liǎng tiān, gǎnjué hǎo duō le.

여우 시우 러 리앙 티엔, 깐쥐에 하오 뚜어 러

A : 과로해서 그런 거예요.

你是累病的。

Nǐ shì lèibìng de.

니 스 레이삥 더

B : 요즘 자주 야근하고, 정말로 피곤해요.

最近经常加班，真的觉得很累。

Zuìjìn jīngcháng jiābān, zhēnde juéde hěn lèi.

쭈이진 징창 지아빤, 쩐더 쥐에더 헌 레이

A : 적당히 쉬어야 해요.

要劳逸结合。

Yào láoyìjiéhé.

이야오 라오이지에흐어

B : 이후에 더 단련을 해야겠어요.

以后得加强锻炼。

Yǐhòu děi jiāqiáng duànliàn.

이호우 데이 지아치앙 뚜안리엔

又는 동일한 유형의 동작이나 상황이 중복하여 발생하는데 주로 이미 발생한 일에 사용되고 동사 뒤에 일반적으로 **了**를 붙입니다. **再**[zài]도 동작이 중복되어 발생하거나 계속된다는 의미를 나타내며 주로 가까운 미래를 의미합니다.

단어

加班[jiābān]
야근하다

劳逸结合
[láoyìjiéhé]
노동과 휴식의 적당한 안배

路不好找吗?
Lù bù hǎo zhǎo ma?
루 뿌 하오 짜오 마

패턴 044

'길은 찾기 어려웠나요?'라는 의미입니다.
길을 잘 찾고 있는지 물어볼 때 쓸 수 있는 표현입니다.

找到了, 我快到了。 찾았어요, 곧 도착해요.
Zhǎodào le, wǒ kuàidào le.
짜오따오 러, 워 쿠와이따오 러

我好像迷路了。 길을 잃어버린 것 같아요.
Wǒ hǎoxiàng mílù le.
워 하오시앙 미루 러

我可能走错方向了。 방향을 잃어버린 것 같아요.
Wǒ kěnéng zǒucuò fāngxiàng le.
워 커넝 쪼우추어 팡시앙 러

TIP

走错는 [동사+错] 형식으로 '잘못 ~(동사)하다, 잘못 ~하다'라는 뜻입니다.
说错[shuōcuò] 잘못 말하다 / 看错[kàncuò] 잘못 보다 / 打错[dǎcuò] 잘못 걸다

관련표현

☑ 길을 잘 못 찾겠어요.

路不好找。

Lù bù hǎo zhǎo.

루 뿌 하오 짜오

☑ 길을 잃었어요.

我迷路了。

Wǒ mílù le.

워 미루 러

☑ 이리저리 찾아도, 찾지 못하겠어요.

找来找去，找不到。

Zhǎo lái zhǎo qù, zhǎobudào.

짜오 라이 짜오 취, 짜오부따오

☑ 길을 겨우 찾았어요.

路好不容易找到了。

Lù hǎo bù róngyì zhǎodào le.

루 하오 뿌 룽이 짜오따오 러

길을 찾거나 길을 잃었을 때 쓸 수 있는 표현입니다. 找来找去는 [동사+来+동사+去]의 형식으로 '이리저리 동사하다'라는 의미를 가지며 매우 분주한 느낌을 받을 수 있습니다.

단어

迷路[mílù]
길을 잃다

容易[róngyì]
쉽다

대화문

A : 길 잘 찾았어요?
路不好找吗?
Lù bù hǎo zhǎo ma?
루 뿌 하오 짜오 마

B : 네, 이곳이 어디죠?
是啊，这是哪儿啊?
Shì a, zhè shì nǎr a?
스 아, 쩌 스 날 아

A : 주변에 어떤 건물이 있나요?
你周围有什么建筑吗?
Nǐ zhōuwéi yǒu shénme jiànzhù ma?
니 쪼우웨이 여우 션머 지엔쭈 마

B : 건너편에 중국은행이 있어요.
我看到对面有一家中国银行。
Wǒ kàndào duìmiàn yǒu yì jiā Zhōngguó yínháng.
워 칸따오 뚜이미엔 여우 이 지아 쭝구어 인항

A : 은행 옆의 건물이 바로 우리 회사예요.
那家银行旁边的楼就是我们单位。
Nà jiā yínháng pángbiān de lóu jiùshì wǒmen dānwèi.
나 지아 인항 팡비엔 더 로우 지우스 워먼 딴웨이

B : 알겠습니다.
好的。
Hǎo de.
하오 더

단어

周围[zhōuwéi]
주변

建筑[jiànzhù]
건물

对面[duìmiàn]
맞은편, 건너편

旁边[pángbiān]
옆쪽

单位[dānwèi]
회사

单位는 중국어에서는 또 다른 의미를 가지는데 '회사'라는 뜻입니다. 의미를 더 세부적으로 보면 '직장, 기관, 단체, 회사, 기관이나 단체 내의 부처, 부서'라는 의미도 가집니다.

패턴
045

你什么时候到?

Nǐ shénmeshíhou dào?
니 션머스호우 따오

'언제 도착하나요?'라는 의미입니다.
누군가와 약속을 하고 언제 도착하는지 물어볼 때 쓸 수 있는 표현입니다.

马上就到。

곧 도착합니다.

Mǎshàng jiù dào.
마샹 지우 따오

中午12点左右吧。

점심 12시 정도에요.

Zhōngwǔ shíèr diǎn zuǒyòu ba.
쭝우 스얼 디엔 쭈어여우 바

我也说不好,看情况再说。

저도 말하기 곤란한데, 상황을 보고 다시 말할게요.

Wǒ yě shuō bù hǎo, kàn qíngkuàng zài shuō.
워 이에 슈어 뿌 하오, 칸 칭쿠앙 짜이 슈어

TIP

什么时候는 '언제'라는 의미로 때나 시간을 물을 때 쓸 수 있는 표현입니다. 언제 만날지, 언제 도착하는지, 언제 오는지 등 때나 시간을 물을 때 쓸 수 있습니다.

관련표현

☑ 언제 도착하나요?

你是什么时候到的?

Nǐ shì shénmeshíhou dào de?

니 스 션머스호우 따오 더

☑ 막 도착했습니다.

我刚到。

Wǒ gāng dào.

워 깡 따오

☑ 죄송한데, 제가 늦을 것 같아요.

不好意思，我会迟到了。

Bùhǎoyìsi, wǒ huì chídào le.

뿌하오이쓰, 워 후이 츠따오 러

☑ 조금만 기다리세요, 곧 도착합니다.

请稍等，马上到。

Qǐng shāo děng, mǎshàng dào.

칭 샤오 떵, 마샹 따오

약속을 하고 언제 도착하는지 묻거나, 늦었다고 대답할 때 쓸 수 있는 표현입니다. 到는 동사로 '도착하다'라는 의미를 가지는데 전치사로 '~까지'라는 의미로도 쓰일 수 있습니다.

단어

刚[gāng] 막

到[dào] 도착하다

迟到[chídào] 지각하다

대화문

A : 언제 도착하나요?

你什么时候到?

Nǐ shénmeshíhou dào?

니 션머스호우 따오

B : 이번 주 토요일 오후 2시 비행기입니다.

我这周六下午两点的飞机。

Wǒ zhè zhōuliù xiàwǔ liǎng diǎn de fēijī.

워 쩌 쪼우리우 시아우 리앙 디엔 더 페이지

A : 4시 반 정도 베이징에 도착하겠네요.

应该是四点半左右到北京。

Yīnggāi shì sì diǎn bàn zuǒyòu dào Běijīng.

잉까이 스 쓰 디엔 빤 쭈어여우 따오 뻬이징

B : 마중 나올 수 있나요?

你能来接我吗?

Nǐ néng lái jiē wǒ ma?

니 넝 라이 지에 워 마

A : 문제없습니다. 주말에 쉬거든요.

没问题，我周末休息。

Méi wèntí, wǒ zhōumò xiūxi.

메이 원티, 워 쪼우모 시우시

B : 좋습니다!

太好了!

Tài hǎo le!

타이 하오 러

단어

应该[yīnggāi] 반드시 ~일 것이다

休息[xiūxī] 휴식

[太+형용사+了]는 '매우 형용사하다'라는 뜻입니다. 정도가 크거나 강하다는 것을 강조합니다. 很[hěn]보다 정도가 더 큽니다. 很는 형용사가 단독으로 쓰일 수 없기 때문에 함께 쓰여 문법적으로 완벽하게 만들어주는 역할을 합니다.

我们在哪儿见面?

Wǒmen zài nǎr jiànmiàn?

워먼 짜이 날 지엔미엔

패턴 046

'우리 어디에서 만날까요?'라는 의미를 가집니다.
누군가와 약속을 할 때 쓸 수 있는 표현입니다.

在学校门口见。

학교 입구에서 봐요.

Zài xuéxiào ménkǒu jiàn.

짜이 쉬에시아오 먼코우 지엔

你说在哪儿见好?

어디에서 만나는 것이 좋을까요?

Nǐ shuō zài nǎr jiàn hǎo?

니 슈어 짜이 날 지엔 하오

在我家附近的咖啡厅怎么样?

우리 집 근처 커피숍 어때요?

Zài wǒ jiā fùjìn de kāfēitīng zěnmeyàng?

짜이 워 지아 푸진 더 카페이팅 쩐머이양

TIP

在哪儿?은 위치를 물어보는 표현으로 在哪儿 앞에는 사람이나 사물, 장소가 모두 올 수 있습니다. 在哪儿 뒤에는 어디에서 무엇을 한다라는 의미의 동사가 나옵니다.

관련표현

☑ 우리 커피숍에서 봐요.

我们在咖啡厅见面吧。

Wǒmen zài kāfēitīng jiànmiàn ba.

워먼 짜이 카페이팅 지엔미엔 바

☑ 당신이 정하는 것이 좋겠습니다.

还是你定吧。

Háishi nǐ dìng ba.

하이스 니 띵 바

☑ 저는 뭐든 괜찮습니다. 당신이 정하세요.

我什么都可以，你随便吧。

Wǒ shénme dōu kěyǐ, nǐ suíbiàn ba.

워 션머 또우 커이, 니 수이비엔 바

☑ 당신 말 들을게요. 당신이 정하세요.

我听你的，你定吧。

Wǒ tīng nǐ de, nǐ dìng ba.

워 팅 니 더, 니 띵 바

누군가가 의견을 물어볼 때 쓸 수 있는 표현으로 상대방이 정하라고 할 때 쓸 수 있습니다. **随便**은 '마음대로'라는 의미를 가지는데 누군가가 나에게 의사를 물어볼 때 상대방에게 마음대로 하라고 할 때 쓸 수 있는 표현입니다.

단어

咖啡厅
[kāfēitīng] 커피숍

대화문

A : 우리 어디에서 만나요?

我们在哪儿见面?

Wǒmen zài nǎr jiànmiàn?

워먼 짜이 날 지엔미엔

B : 어디에서 만나는 것이 좋아요?

你说在哪儿见好?

Nǐ shuō zài nǎr jiàn hǎo?

니 슈어 짜이 날 지엔 하오

A : 집 근처 스타벅스 어때요?

家附近的星巴克咖啡厅怎么样?

Jiā fùjìn de Xīngbākè kāfēitīng zěnmeyàng?

지아 푸진 더 싱바커 카페이팅 쩐머이양

B : 좋아요. 몇 시에 볼까요?

好，几点见?

Hǎo, jǐ diǎn jiàn?

하오, 지 디엔 지엔

A : 퇴근 후 7시 정도 어때요?

下班后七点左右怎么样?

Xiàbān hòu qī diǎn zuǒyòu zěnmeyàng?

시아빤 후 치 디엔 쭈어여우 쩐머이양

B : 문제없습니다. 우리 커피 마시면서 이야기해요.

没问题。我们边喝边聊。

Méi wèntí. Wǒmen biān hē biān liáo.

메이 원티, 워먼 비엔 흐어 비엔 리아오

단어

星巴克
[xīngbākè]
스타벅스

[(一)边+동작, (一)边+동작]은 동시에 '~하면서 …하다'라는 의미를 가집니다. 두 가지 행위를 동시에 할 때 쓸 수 있는 표현입니다. 一는 생략이 가능합니다.

패턴
047

你是怎么来的?

Nǐ shì zěnme lái de?
니 스 쩐머 라이 더

'당신은 어떻게 왔나요?'라는 의미를 가집니다.
어떤 수단으로 왔는지 물어볼 때 쓸 수 있는 표현입니다.

我打车来的。 **저는 택시 타고 왔습니다.**
Wǒ dǎchē lái de.
워 따처 라이 더

我是坐公交车来的。 **저는 버스 타고 왔습니다.**
Wǒ shì zuò gōngjiāochē lái de.
워 스 쭈어 꽁지아오처 라이 더

是老公开车送我来的。 **남편이 운전해 절 데려다줬어요.**
Shì lǎogōng kāichē sòng wǒ lái de.
스 라오꽁 카이처 쏭 워 라이 더

TIP

[怎么+동사]의 용법은 방법과 원인을 물을 때 쓸 수 있습니다. 어떻게 동사하는지에 대해 방법을 물을 수 있고, 원인을 물을 때는 이상하고 뜻밖이라는 어감을 나타냅니다.

관련표현

☑ 저는 자전거를 타고 왔습니다.

我是骑自行车来的。

Wǒ shì qí zìxíngchē lái de.

워 스 치 쯔싱처 라이 더

☑ 저는 걸어서 왔습니다.

我是走路来的。

Wǒ shì zǒulù lái de.

워 스 쪼우루 라이 더

☑ 저의 배우자가 저를 데려다주었습니다.

是我的爱人送我来的。

Shì wǒ de àiren sòng wǒ lái de.

스 워 더 아이런 송 워 라이 더

☑ 저는 비행기 타고 왔습니다.

我是坐飞机来的。

Wǒ shì zuò fēijī lái de.

워 스 쭈어 페이지 라이 더

단어

骑[qí] (자전거, 오토바이) 타다

自行车[zìxíngchē] 자전거

爱人[àiren] 배우자

飞机[fēijī] 비행기

어떤 교통수단으로 왔는지 물어볼 때 답할 수 있는 표현입니다. [是...的]의 용법은 是...的 사이에 강조하고자 하는 것이 위치하게 됩니다.

대화문

A : 어떻게 오셨어요?

你是怎么来的?

Nǐ shì zěnme lái de?

니 스 쩐머 라이 더

B : 저는 택시 타고 왔습니다.

我打车来的。

Wǒ dǎchē lái de.

워 따처 라이 더

A : 오시느라 수고하셨습니다.

一路辛苦了。

Yílù xīnkǔ le.

이루 신쿠 러

B : 느낌에 택시기사가 바가지 씌운 것 같아요.

感觉被出租车司机宰了。

Gǎnjué bèi chūzūchē sījī zǎi le.

깐쥐에 뻬이 추주처 쓰지 짜이 러

A : 그래요? 영수증 요구했어요?

是吗? 你要了发票没有?

Shì ma? Nǐ yào le fāpiào méiyou?

스 마? 니 이야오 러 파피아오 메이여우

B : 요구했죠. 부주의해서 영수증을 잃어버렸어요.

要了，不小心把发票弄丢了。

Yào le, bù xiǎoxīn bǎ fāpiào nòng diū le.

이야오 러, 뿌 시아오신 바 파피아오 농 띠우 러

被[bèi]는 '~가 …에 의해 @@이 되다'라는 의미의 피동문에 쓰입니다. [영향을 받은 사물 + 被 + 행위자 + 동작 + 결과] 형태입니다. 술어동사는 반드시 동작성이 강한 동사이어야 하고, 의미상 주어를 지배할 수 있어야 합니다.

단어

出租车
[chūzūchē] 택시

辛苦[xīnkǔ]
고생하다, 수고하다

宰[zǎi]
바가지 씌우다

패턴 048

你们玩得怎么样?

Nǐmen wán de zěnmeyàng?

니먼 완 더 쩐머이양

'잘 놀았나요?'라는 의미입니다.
어떤 일에 대해 어떠한지 물어볼 때 쓸 수 있는 표현입니다.

玩儿得很有意思。 재미있게 놀았습니다.
Wánr de hěn yǒu yìsi.
왈 더 헌 여우 이쓰

因为下雨，没玩儿好。 비가 와서, 재미있게 놀지 못했어요.
Yīnwèi xiàyǔ, méi wánr hǎo.
인웨이 시아위, 메이 왈 하오

玩儿得很过瘾。 정말 끝내주게 놀았어요.
Wánr de hěn guòyǐn.
왈 더 헌 꾸어인

TIP 得는 정도보어로 쓰일 수 있습니다. 정도보어는 술어의 정도나 상태에 대해 부가적으로 설명해주는 것입니다. [술어+得+정도보어] 혹은 [주어+(술어)+목적어+술어+得+정도보어] 형식으로 쓰입니다.

관련표현

☑ 오늘 기분 좋게 놀았습니다.

今天玩儿得很开心。

Jīntiān wánr de hěn kāixīn.

진티엔 왈 더 헌 카이신

☑ 오늘 재미없게 놀았습니다.

今天玩儿得不开心。

Jīntiān wánr de bù kāixīn.

진티엔 왈 더 뿌 카이신

☑ 재미없었습니다.

玩儿得不怎么样。

Wánr de bù zěnmeyàng.

왈 더 뿌 쩐머이양

☑ 어제 어떻게 놀았어요?

昨天玩儿得怎么样?

Zuótiān wánr de zěnmeyàng?

쭈어티엔 왈 더 쩐머이양

일상을 어떻게 보냈는지 물어보고 답할 때 쓸 수 있는 표현입니다. 得는 정도보어로 사용이 되었습니다. 정도보어는 동사, 형용사 뒤에서 사용되고, 동작의 진행정도 혹은 사물 성질, 상태가 정도에 도달할 수 있도록 보충하고 설명합니다.

단어

玩儿[wánr] 놀다

대화문

A : 어떻게 놀았어요?

你们玩得怎么样?

Nǐmen wán de zěnmeyàng?

니먼 완 더 쩐머이양

B : 좋았어요, 정말 기뻤어요.

很好啊，真高兴。

Hěn hǎo a, zhēn gāoxìng.

헌 하오 아, 쩐 까오싱

A : 어디 가서 놀았어요?

去哪儿玩儿的?

Qù nǎr wánr de?

취 날 왈 더

B : 우선 향산에 가고 그런 후에 롱칭시아에 갔어요.

先去了香山，然后去了龙庆峡。

Xiān qù le Xiāngshān, ránhòu qù le Lóngqìngxiá.

시엔 취 러 시앙샨, 란호우 취 러 롱칭시아

A : 향산의 가을이 가장 아름다울 때죠.

香山的秋天是最美的时候。

Xiāngshān de qiūtiān shì zuì měi de shíhou.

시앙샨 더 치우티엔 스 쭈이 메이 더 스호우

B : 사진도 많이 찍었어요.

我们照了好多照片。

Wǒmen zhào le hǎo duō zhàopiàn.

워먼 짜오 러 하오 뚜어 짜오피엔

단어

然后[ránhòu]
그런 후에

龙庆峡
[lóngqìngxiá]
롱칭시아

[**先**+A, **然后**+B]는 '먼저 A하고, 그런 다음에 B를 하다'라는 의미를 가집니다. 동작 행위나 사건 발생의 선후 관계를 나타냅니다. 또 다른 표현으로 선후 관계를 나타내는 문형 [**先**+A, **再**+B], [**先**+A, **然后再**+B]을 사용할 수 있습니다.

패턴
049

你能跟我一起去吗?

Nǐ néng gēn wǒ yìqǐ qù ma?

니 넝 껀 워 이치 취 마

'저랑 같이 갈 수 있나요?'라는 의미를 가집니다.
누군가와 같이 가자고 물을 때 쓸 수 있는 표현입니다.

好啊, 去哪儿?

좋아요, 어디 가요?

Hǎo a, qù nǎr?
하오 아, 취 날

不好意思, 我不能跟你一起去了。

죄송한데, 같이 못갈 것 같아요.

Bùhǎoyìsi, wǒ bùnéng gēn nǐ yìqǐ qù le.
뿌하오이쓰, 워 뿌넝 껀 니 이치 취 러

那天我没事儿的话, 可以陪你去。

만약에 아무 일이 없으면 제가 모시고 같이 갈게요.

Nà tiān wǒ méi shìr de huà, kěyǐ péi nǐ qù.
나 티엔 워 메이 셜 더 화, 커이 페이 니 취

TIP

不好意思는 본인의 사소한 실수에 대해서 미안함을 표시하는 표현입니다. 对不起보다는 가벼운 느낌을 가집니다. 버스에서 실수로 발을 밟았을 때, 지나가다가 사람과 부딪혔을 때 쓸 수 있는 표현입니다.

관련표현

☑ 우리 같이 가요.

我们一起去吧。

Wǒmen yìqǐ qù ba.

워먼 이치 취 바

☑ 제가 데리고 갈게요.

我带你去吧。

Wǒ dài nǐ qù ba.

워 따이 니 취 바

☑ 저는 같이 갈 수가 없어요.

我不能跟你一起去。

Wǒ bùnéng gēn nǐ yìqǐ qù.

워 뿌넝 껀 니 이치 취

☑ 죄송한데, 우리 다음에 가요.

不好意思，我们下次去吧。

Bùhǎoyìsi, wǒmen xiàcì qù ba.

뿌하오이쓰, 워먼 시아츠 취 바

누군가가 어딘가를 같이 가자고 할 때 답할 수 있는 표현으로 동의를 하거나 거절을 할 때 쓸 수 있습니다. 带를 사용할 때는 주어인 사람이 주체가 되어 목적어인 사람을 대할 때 쓸 수 있는 표현입니다.

단어

带[dài] 휴대하다, 데리고 가다

下次[xiàcì] 다음

대화문

A : 저랑 같이 갈 수가 있나요?

你能跟我一起去吗?

Nǐ néng gēn wǒ yìqǐ qù ma?

니 넝 껀 워 이치 취 마

B : 죄송한데, 같이 갈 수가 없어요.

不好意思，不能跟你一起去了。

Bùhǎoyìsi, bùnéng gēn nǐ yìqǐ qù le.

뿌하오이쓰, 뿌넝 껀 니 이치 취 러

A : 왜요? 무슨 일 있나요?

为什么？有什么事儿吗？

Wèishénme? Yǒu shénme shìr ma?

웨이션머? 여우 션머 셜 마

B : 제 동료가 결혼합니다.

我一个同事结婚。

Wǒ yí ge tóngshì jiéhūn.

워 이 거 통스 지에훈

A : 그러면 다음에 시간이 되면 같이 가요.

那就下次有时间一起去吧。

Nà jiù xiàcì yǒu shíjiān yìqǐ qù ba.

나 지우 시아츠 여우 스지엔 이치 취 바

B : 좋아요.

好吧。

Hǎo ba.

하오 바

단어

同事[tóngshì]
동료

结婚[jiéhūn]
결혼하다

下次[xiàcì] 는 '다음'이라는 의미이고, 上次[shàngcì]는 下次의 반대인 '지난번'이라는 의미를 가지며 这次[zhècì]는 '이번'이라는 의미를 가집니다.

下次什么时候再见?

Xiàcì shénmeshíhou zàijiàn?

시아츠 션머스호우 짜이지엔

패턴 050

'다음에 언제 볼까요?'라는 의미입니다.
다음에 언제 볼지 물어볼 때 쓸 수 있는 표현입니다.

下周末见吧。

Xià zhōumò jiàn ba.
시아 쪼우모 지엔 바

다음 주에 봐요.

可能最近见不了了。

Kěnéng zuìjìn jiànbùliǎo le.
커넝 쭈이진 지엔뿌리아오 러

아마도 못 볼 것 같아요.

初雪的时候见面吧。

Chūxuě de shíhou jiànmiàn ba.
추쉬에 더 스호우 지엔미엔 바

첫눈 올 때 만나요.

TIP

동사 뒤에 不了를 넣으면 '~할 수 없다, 다 ~해낼 수 없다, 그렇게 될 수 없다'라는 의미로 동작을 완료하지 못함을 강조합니다.

관련표현

☑ 언제 다시 약속할 수 있을까요?

什么时候可以再约你呢?

Shénmeshíhou kěyǐ zài yuē nǐ ne?

션머스호우 커이 짜이 위에 니 너

☑ 다음 주 금요일에 보는 것 어때요?

下周五见怎么样?

Xià zhōuwǔ jiàn zěnmeyàng?

시아 쪼우우 지엔 쩐머이양

☑ 시간이 될 때 알려주세요.

有空的时候告诉我。

Yǒu kōng de shíhou gàosu wǒ.

여우 콩 더 스호우 까우수 워

☑ 우리가 마지막으로 보는 것이 아니길 희망합니다.

希望这不是我们最后一次见面。

Xīwàng zhè búshì wǒmen zuìhòu yícì jiànmiàn.

시왕 쩌 부스 워먼 쭈이호우 이츠 지엔미엔

약속을 할 때 쓸 수 있는 표현으로 시간을 제시하여 상대방에게 의견을 묻거나 상대방에게 시간을 정하라고 하는 표현을 익혀봅시다.

단어

约[yuē] 약속하다

希望[xīwàng] 희망하다

대화문

A : 초대에 감사드립니다. 오늘 즐거웠습니다.
谢谢你的招待，今天很开心。
Xièxie nǐ de zhāodài, jīntiān hěn kāixīn.
씨에시에 니 더 짜오따이, 진티엔 헌 카이신

B : 저도요, 알게 돼서 좋았습니다.
我也是，很开心认识你。
Wǒ yěshì, hěn kāixīn rènshi nǐ.
워 이에스, 헌 카이신 런스 니

A : 다음에 제가 식사 대접할게요.
下次我请你吃饭吧。
Xiàcì wǒ qǐng nǐ chīfàn ba.
시아츠 워 칭 니 츠판 바

B : 좋아요, 다음에 언제 만날까요?
好呀，下次什么时候再见？
Hǎo ya, xiàcì shénmeshíhou zàijiàn?
하오 야, 시아츠 션머스호우 짜이지엔

A : 다음 주 수요일 어때요?
下周三怎么样？
Xià zhōusān zěnmeyàng?
시아 쪼우싼 쩐머이양

B : 좋습니다, 퇴근 후 연락드릴게요.
好的，下班后我联系你。
Hǎo de, xiàbān hòu wǒ liánxì nǐ.
하오 더, 시아빤 호우 워 리엔시 니

단어

招待[zhāodài]
초대하다

联系[liánxì]
연락하다

周三는 '수요일'로, **星期三**[xīngqīsān], **礼拜三**[lǐbàisān]으로 쓸 수 있습니다. **周** 뒤에 숫자 1~6까지 넣어서 월요일에서 토요일이라고 말할 수 있으며, **星期**, **礼拜** 뒤에도 숫자 1~6까지 넣어서 같은 의미를 만듭니다.

복습하기 [패턴 041-050] 만남

★ 041 당신은 어디에 있나요?
你在哪儿?
Nǐ zài nǎr?

★ 042 왜 그러는데요?
你怎么了?
Nǐ zěnme le?

★ 043 느낌은 어때요?
感觉怎么样?
Gǎnjué zěnmeyàng?

★ 044 길은 찾기 어려웠나요?
路不好找吗?
Lù bù hǎo zhǎo ma?

★ 045 언제 도착하나요?
你什么时候到?
Nǐ shénmeshíhou dào?

★ 046 우리 어디에서 만날까요?
我们在哪儿见面?
Wǒmen zài nǎr jiànmiàn?

★ 047 당신은 어떻게 왔나요?
你是怎么来的?
Nǐ shì zěnme lái de?

★ 048 잘 놀았나요?
你们玩得怎么样?
Nǐmen wán de zěnmeyàng?

★ 049 저랑 같이 갈 수 있나요?
你能跟我一起去吗?
Nǐ néng gēn wǒ yìqǐ qù ma?

★ 050 다음에 언제 볼까요?
下次什么时候再见?
Xiàcì shénmeshíhou zàijiàn?

Part 06

일상

패턴 051

你在干什么?

Nǐ zài gàn shénme?

니 짜이 깐 션머

'무엇을 하고 있나요?'라는 의미입니다.
현재 무엇을 하고 있는지를 在를 써서 표현할 수 있습니다.

我在工作。
Wǒ zài gōngzuò.
워 짜이 꽁쭈어

일하고 있습니다.

没干什么，在家休息。
Méi gàn shénme, zài jiā xiūxi.
메이 깐 션머, 짜이 지아 시우시

특별히 하는 것 없고, 집에서 쉬고 있어요.

我在开会。
Wǒ zài kāihuì.
워 짜이 카이후이

회의를 하고 있어요.

TIP

在는 여러 가지 품사를 가지고 있습니다. [在+동사]로 부사의 역할을 하며 동작 진행형의 의미를 가집니다. 在는 다양하게 개사로 쓰이기도 하고, 동사로 쓰이기도 합니다.

관련표현

☑ 무엇을 하고 있나요?

你在做什么?

Nǐ zài zuò shénme?

니 짜이 쭈어 션머

☑ 무엇을 하고 있나요?

你正在干什么?

Nǐ zhèngzài gàn shénme?

니 쩡짜이 깐 션머

☑ 무엇을 하고 있나요?

你正在做什么?

Nǐ zhèngzài zuò shénme?

니 쩡짜이 쭈어 션머

☑ 무엇을 하고 있나요?

你在干什么呢?

Nǐ zài gàn shénme ne?

니 짜이 깐 션머 너

상대방에게 무엇을 하고 있는지 물을 때 쓸 수 있는 다양한 표현을 익혀봅시다. 앞에서도 설명했듯이 [在+동사]로 부사의 역할을 하며 동작 진행형의 의미를 가집니다. 正在 역시 같은 역할을 하며 동작 진행형의 의미를 가집니다.

단어

正在[zhèngzài]
지금 ~하고 있다

대화문

A : 무엇을 하고 있나요?

你在干什么?

Nǐ zài gàn shénme?

니 짜이 깐 션머

B : 저는 숙제를 하고 있어요.

我在做作业。

Wǒ zài zuò zuòyè.

워 짜이 쭈어 쭈어이에

A : 오늘 숙제 많아요?

今天的作业多吗?

Jīntiān de zuòyè duō ma?

진티엔 더 쭈어이에 뚜어 마

B : 그렇게 많지 않아요.

不太多。

Bútài duō.

부타이 뚜어

A : 그러면 우리 숙제 끝나고 같이 놀아요. 어때요?

那你做完作业以后，我们一起玩儿，怎么样?

Nà nǐ zuò wán zuòyè yǐhòu, wǒmen yìqǐ wánr, zěnmeyàng?

나 니 쭈어 완 쭈어이에 이호우, 워먼 이치 왈, 쩐머이양

B : 좋아요!

好啊!

Hǎo a!

하오 아

단어

作业[zuòyè] 숙제

一起[yìqǐ] 같이

干와 做은 모두 '하다'라는 뜻으로, 크게 구분해서 쓰는 것은 아니지만 干은 동작이 포괄적이기 때문에 구체적인 사물과 관련이 없을 수도 있으며, 做은 구체적인 사물이나 물건을 만들 때 사용합니다.

패턴 052

你准备好了吗?

Nǐ zhǔnbèi hǎo le ma?

니 준뻬이 하오 러 마

'준비 잘 되었나요?'라는 의미를 가집니다.
동사 뒤에 好를 써서 결과보어의 용법으로 쓰였습니다.

嗯, 准备好了! 응, 준비됐어요!

Èng, zhǔnbèi hǎo le!

엉, 준뻬이 하오 러

还没呢, 我有点儿紧张。 아직이요. 좀 시간이 부족하네요.

Hái méi ne, wǒ yǒudiǎnr jǐnzhāng.

하이 메이 너, 워 여우디얼 진쟝

太忙了, 一点儿也没准备。 너무 바빠요. 하나도 준비하지 못했어요.

Tài máng le, yìdiǎnr yě méi zhǔnbèi.

타이 망 러, 이디얼 이에 메이 준뻬이

TIP

准备好는 [동사+결과보어]로, 결과보어는 동작이나 결과를 만들어내는 것이며 일반 형용사나 동사는 대부분 결과보어로 사용이 가능합니다. 好는 동작이 만족한 상태에서 잘 완성되거나 마무리됨을 나타냅니다.

관련표현

☑ 곧 준비됩니다.

马上准备。

Mǎshàng zhǔnbèi.

마샹 준뻬이

☑ 저는 이미 준비됐어요.

我已经准备好了。

Wǒ yǐjīng zhǔnbèi hǎo le.

워 이징 준뻬이 하오 러

☑ 저는 아직 준비가 되지 않았어요.

我还没准备好呢。

Wǒ hái méi zhǔnbèi hǎo ne.

워 하이 메이 준뻬이 하오 너

☑ 언제 준비가 되나요?

你什么时候准备好呢?

Nǐ shénmeshíhou zhǔnbèi hǎo ne?

니 션머스호우 준뻬이 하오 너

준비되었는지 묻거나 준비가 어떻게 되었는지에 대해 답할 때 쓸 수 있는 표현입니다. 准备好는 결과보어로 사용하여 준비가 잘되었다고 할 때 사용할 수 있습니다.

단어

准备[zhǔnbèi]
준비하다

대화문

A : 준비 다 됐나요?
你准备好了吗?
Nǐ zhǔnbèi hǎo le ma?
니 준뻬이 하오 러 마

B : 아직이요. 좀 긴장되네요.
还没呢，我有点儿紧张。
Hái méi ne, wǒ yǒudiǎnr jǐnzhāng.
하이 메이 너, 워 여우디얼 진쟝

A : 긴장하지 마세요. 호흡을 깊게 해보세요.
别紧张，做深呼吸。
Bié jǐnzhāng, zuò shēn hūxī.
비에 진쟝, 쭈어 션 후시

B : 숨을 들이마시고, 숨을 내쉬고.
吸气，呼气!
Xīqì hūqì!
시치, 후치

A : 여전히 긴장돼요?
还紧张吗?
Hái jǐnzhāng ma?
하이 진쟝 마

B : 좋아졌어요. 저 뛸 준비 됐어요.
好多了，我准备跳了。
Hǎo duō le, wǒ zhǔnbèi tiào le.
하오 뚜어 러, 워 준뻬이 티아오 러

단어

吸气[xīqì]
숨을 들이마시다

紧张은 '긴장되다'라는 뜻이지만 '시간이 없다, (경제적으로) 모자르다'라는 뜻도 있습니다. 시간이 있는지 물을 때 **有点儿紧张**이라고 하면 '시간이 없다'고, 돈이 있는지 물을 때 **有点儿紧张**이라고 하면' 돈이 없다'입니다.

패턴 053

我们要做什么?

Wǒmen yào zuò shénme?

워먼 이야오 쭈어 션머

'우리 무엇을 해야 하나요?'라는 의미를 가집니다.
要는 조동사로 동사 앞에 쓰여 ~해야 한다라는 의미를 가집니다.

做广告宣传。 광고 홍보요.

Zuò guǎnggào xuānchuán.
쭈어 구앙까오 쉬엔추안

做公益活动。 공익 활동이요.

Zuò gōngyì huódòng.
쭈어 꽁이 후어똥

我也不清楚。 저도 잘 모르겠어요.

Wǒ yě bù qīngchu.
워 이에 뿌 칭추

TIP

要는 의지, 계획을 나타내는 조동사 '~하려고 한다'라는 의미를 가집니다. 적극적이고 강한 자신의 의지를 표현합니다. 부정은 일반적으로 不想(~하지 않을 것이다)으로 합니다.

관련표현

☑ 당신들은 할 것이 없어요.

你们没什么可做的了。

Nǐmen méi shénme kě zuò de le.

니먼 메이 션머 커 쭈어 더 러

☑ 우선 보고를 하고, 그런 후에 다시 이야기해요.

你们先做报告，然后再说吧。

Nǐmen xiān zuò bàogào, ránhòu zài shuō ba.

니먼 시엔 쭈어 빠오까오, 란호우 짜이 슈어 바

☑ 우리들이 하고 싶은 것 해요.

我们要做什么，就做什么。

Wǒmen yào zuò shénme, jiù zuò shénme.

워먼 이야오 쭈어 션머, 지우 쭈어 션머

☑ 저도 모르겠어요. 제가 알아볼게요.

我也不知道，我打听一下。

Wǒ yě bù zhīdào, wǒ dǎtīng yíxià.

워 이에 뿌 즈따오, 워 따팅 이시아

단어

报告[bàogào]
보고하다

打听[dǎtīng]
알아보다

무언가를 해야 하는지에 대해 말할 때 쓸 수 있는 표현입니다. 要做什么, 就做什么는 [要+동사+什么, 就+동사+什么]의 형식으로, 동사 하고 싶은 것이 있으면 동사하라는 의미입니다.

대화문

A : 우리가 무엇을 해야 하나요?

我们要做什么?

Wǒmen yào zuò shénme?

워먼 이야오 쭈어 션머

B : 만두를 빚어야 해요. 10근 정도요.

包饺子，要包10来斤。

Bāo jiǎozi, yào bāo shí lái jīn.

빠오 지아오즈, 이야오 빠오 스 라이 진

A : 왜 그렇게 많이 빚죠?

为什么包那么多?

Wèishénme bāo nàme duō?

웨이션머 빠오 나머 뚜어

B : 양로원 노인분들에게 보내줄 거예요.

给养老院的老人们送去。

Gěi yǎnglǎoyuàn de lǎorénmen sòng qù.

게이 양라오위엔 더 라오런먼 쏭 취

A : 좋은 일이군요. 제가 꼭 도와드릴게요.

好事儿，这个忙我一定帮。

Hǎo shìr, zhège máng wǒ yídìng bāng.

하오 셜, 쩌거 망 워 이띵 빵

B : 고마워요! 빨리 합시다.

谢谢你！那就赶快动手。

Xièxie nǐ, Nà jiù gǎnkuài dòngshǒu.

씨에시에 니! 나 지우 간쿠와이 똥쇼우

단어

包[bāo] 빚다

饺子[jiǎozi] 만두

养老院 [yǎnglǎoyuàn] 양로원

赶快[gǎnkuài] 빨리

动手는 '착수하다, 시작하다'라는 의미를 가집니다. 다른 의미로 '손찌검하다, 때리다'라는 의미도 가집니다.

你喜欢哪个季节?

패턴 054

Nǐ xǐhuan nǎge jìjié?

니 시후안 나거 지지에

'어떤 계절을 좋아하시나요?'라는 의미를 가집니다.
어떤 것을 좋아하는지 물어볼 때 맨 뒤에 물어보는 대상을 써서 쓸 수 있는 표현입니다.

四季中, 我喜欢春天。 사계절 중 저는 봄을 좋아합니다.
Sìjì zhōng, wǒ xǐhuan chūntiān.
쓰지 쭝, 워 시후안 춘티엔

我喜欢春天, 最不喜欢夏天。 저는 봄을 좋아하고, 여름을 가장 싫어합니다.
Wǒ xǐhuan chūntiān, zuì bù xǐhuan xiàtiān.
워 시후안 춘티엔, 쭈이 뿌 시후안 시아티엔

春天和秋天, 我都喜欢。 봄과 가을을 모두 좋아합니다.
Chūntiān hé qiūtiān, wǒ dōu xǐhuan.
춘티엔 흐어 치우티엔, 워 도우 시후안

TIP

四季는 '사계절'이라는 뜻이고 司机[sījī]는 '운전기사'라는 뜻입니다. 중국어는 성조가 있는 언어이기 때문에 성조에 따라 의미가 달라지므로 발음을 할 때 성조를 주의해야 합니다.

관련표현

☑ 저는 가을을 좋아합니다.

我喜欢秋天。

Wǒ xǐhuan qiūtiān.

워 시후안 치우티엔

☑ 저는 여름을 싫어합니다.

我不喜欢夏天。

Wǒ bù xǐhuan xiàtiān.

워 뿌 시후안 시아티엔

☑ 저는 모든 계절을 좋아합니다.

我什么季节都喜欢。

Wǒ shénme jìjié dōu xǐhuan.

워 션머 지지에 또우 시후안

☑ 왜 가을을 좋아하세요?

你为什么喜欢秋天?

Nǐ wèishénme xǐhuan qiūtiān?

니 웨이션머 시후안 치우티엔

계절에 대해 물어보거나 답할 때 쓸 수 있는 표현입니다. 다양한 계절에 대한 단어를 통해 자신의 의견을 표현할 수 있습니다.

단어

季节[jìjié] 계절

대화문

A : 어떤 계절을 좋아하시나요?
你喜欢哪个季节?
Nǐ xǐhuan nǎge jìjié?
니 시후안 나거 지지에

B : 저는 가을을 좋아합니다.
我喜欢秋天，你呢?
Wǒ xǐhuan qiūtiān, nǐ ne?
워 시후안 치우티엔, 니 너

A : 왜 가을을 좋아하세요?
你为什么喜欢秋天?
Nǐ wèishénme xǐhuan qiūtiān?
니 웨이션머 시후안 치우티엔

B : 왜냐하면 등산을 좋아하기 때문이죠.
因为我喜欢爬山。
Yīnwèi wǒ xǐhuan páshān.
인웨이 워 시후안 파샨

A : 등산과 가을은 무슨 관계가 있어요?
爬山和秋天有什么关系吗?
Páshān hé qiūtiān yǒu shénme guānxì ma?
파션 흐어 치우티엔 여우 션머 꾸안시 마

B : 가을의 산은 매우 아름답거든요.
秋天的山是最美的。
Qiūtiān de shān shì zuì měi de.
치우티엔 더 샨 스 쭈이 메이 더

단어

爬山[páshān]
등산하다

关系[guānxì]
관계

각 계절에 대한 명칭을 익혀보겠습니다.
春天[chūntiān] 봄, **夏天**[xiàtiān] 여름, **秋天**[qiūtiān] 가을, **冬天**[dōngtiān] 겨울

패턴 055

你哪儿不舒服?

Nǐ nǎr bù shūfu?

니 날 뿌 슈프

'어디가 불편하시나요?'라는 의미를 가집니다.
몸이 좋지 않거나, 안색이 좋지 않을 때 쓸 수 있는 표현입니다.

我头疼。 저는 머리가 아픕니다.

Wǒ tóuténg.

워 토우텅

浑身都疼。 온몸이 아픕니다.

Húnshēn dōu téng.

훈션 또우 텅

我从昨晚开始一直咳嗽。 어제 저녁부터 계속 기침을 해요.

Wǒ cóng zuówǎn kāishǐ yìzhí késou.

워 총 쭈어완 카이스 이즈 커소우

TIP

昨晚은 昨天晚上의 줄임말입니다. 중국어에서는 이처럼 줄여서 쓰는 표현들이 많이 있습니다.

관련표현

☑ 저는 몸이 불편합니다.

我身体不舒服。

Wǒ shēntǐ bù shūfu.

워 션티 뿌 슈프

☑ 어제 저녁부터 머리가 아프고 열도 좀 납니다.

我昨晚开始头疼，有点儿发烧。

Wǒ zuówǎn kāishǐ tóuténg, yǒudiǎnr fāshāo.

워 쭈어완 카이스 토우텅, 여우디얼 파샤오

☑ 보아하니, 안색이 안 좋으신 것 같아요.

看起来，你的脸色不太好。

Kàn qǐlái, nǐ de liǎnsè bútài hǎo.

칸 치라이, 니 더 리엔써 부타이 하오

☑ 의사 선생님, 제가 무엇을 주의해야 할까요?

大夫，我得注意些什么？

Dàifu, wǒ děi zhùyì xiē shénme?

따이푸, 워 데이 쭈이 시에 션머

단어

发烧[fāshāo]
열이 나다

脸色[liǎnsè] 안색

注意[zhùyì]
주의하다

몸이 어떤지 물어보고 답할 때 쓸 수 있는 표현입니다. 看起来는 [동사+起来]의 용법으로 '동사하기 시작하다'라는 의미를 가지며, 비슷한 의미로 看上去[kàn shàngqù]로도 표현을 할 수 있습니다.

대화문

A : 어디가 불편하세요?

你哪儿不舒服?

Nǐ nǎr bù shūfu?

니 날 뿌 슈프

B : 배가 아픕니다.

我肚子疼。

Wǒ dùzi téng.

워 뚜즈 텅

A : 언제부터 아프기 시작했어요?

什么时候开始疼的?

Shénmeshíhou kāishǐ téng de?

션머스호우 카이스 텅 더

B : 어제 저녁이요.

昨天晚上。

Zuótiān wǎnshang.

쭈어티엔 완샹

A : 어제 저녁에 뭐 드셨어요?

你昨晚吃什么了?

Nǐ zuówǎn chī shénme le?

니 쭈어완 츠 션머 러

B : 냉장고 안에 있는 치킨 먹었어요.

吃了冰箱里的炸鸡。

Chī le bīngxiāng li de zhájī.

츠 러 삥시앙 리 더 쟈지

단어

肚子[dùzi] 배

冰箱[bīngxiāng] 냉장고

炸鸡[zhájī] 치킨

肚子疼는 '배가 아프다'라는 의미입니다. 이와 비슷한 표현으로 **肚子吃坏**[dùzi chīhuài], **吃坏肚子**[chīhuài dùzi]는 '배탈이 나다'라는 의미이고, **拉肚子**[lā dùzi]는 '설사를 하다'라는 의미입니다.

你跟谁一起去?

Nǐ gēn sheí yìqǐ qù?

니 껀 쉐이 이치 취

패턴 056

'누구와 같이 가나요?'라는 의미를 가집니다.
누구와 가는지 물어볼 때 쓸 수 있는 표현입니다.

跟家人一起去。 가족들과 같이 가요.

Gēn jiārén yìqǐ qù.

껀 지아런 이치 취

我一个人去。 저 혼자 갑니다.

Wǒ yí ge rén qù.

워 이 거 런 취

没人跟我一起去。 저 혼자 가요.

Méi rén gēn wǒ yìqǐ qù.

메이 런 껀 워 이치 취

TIP

谁는 누구인지를 물을 때 쓸 수 있는 의문대명사입니다. 谁가 관형어로 쓰일 때는 반드시 구조 조사 的를 쓰게 됩니다.
这是谁的书?[Zhè shì shéi de shū?] 이거 누구 책이에요?

관련표현

☑ 저 혼자 갑니다.

我一个人去。

Wǒ yí ge rén qù.

워 이 거 런 취

☑ 저는 배우자와 같이 갑니다.

我跟爱人一起去。

Wǒ gēn àiren yìqǐ qù.

워 껀 아이런 이치 취

☑ 저는 친구들과 같이 갑니다.

我跟朋友们一起去。

Wǒ gēn péngyoumen yìqǐ qù.

워 껀 펑여우먼 이치 취

☑ 저도 누구랑 가는지 모릅니다.

我也不知道跟谁一起去。

Wǒ yě bù zhīdào gēn sheí yìqǐ qù.

워 이에 뿌 즈따오 껀 쉐이 이치 취

누구와 같이 가는지 물어볼 때 답할 수 있는 표현입니다.
跟은 '~와, ~에게'라는 의미를 가지며 대상을 나타내는 전치사로 대부분 사용이 됩니다.

단어

跟[gēn] ~와

朋友[péngyou] 친구

대화문

A : 누구랑 같이 가요?

你跟谁一起去?

Nǐ gēn sheí yìqǐ qù?

니 껀 쉐이 이치 취

B : 저 혼자 가요.

我自己去。

Wǒ zìjǐ qù.

워 쯔지 취

A : 혼자 여행 가면 무섭지 않아요?

自己去旅行不害怕吗?

Zìjǐ qù lǚxíng bú hàipà ma?

쯔지 취 뤼싱 부 하이파 마

B : 처음에는 좀 무서웠는데 지금은 무섭지 않아요.

第一次有点儿怕，但是现在不怕了。

Dìyīcì yǒudiǎnr pà, dànshì xiànzài bú pà le.

띠이츠 여우디얼 파, 딴스 시엔짜이 부 파 러

A : 이번에 어디로 여행 가나요?

这次去哪儿旅行?

Zhècì qù nǎr lǚxíng?

쩌츠 취 날 뤼싱

B : 이번에 프랑스 가요.

这次去法国。

Zhècì qù Fǎguó.

쩌츠 취 파구어

단어

旅行[lǚxíng]
여행하다

法国[fǎguó]
프랑스

自己는 '자기, 자신'이라는 뜻의 인칭대명사입니다. 앞의 명사나 대사를 다시 한번 지칭하고, 외부의 힘이 아닌 자발적인 행위를 표시하는 데 주로 쓰입니다.

패턴
057

你家附近有地铁站吗?

Nǐ jiā fùjìn yǒu dìtiězhàn ma?
니 지아 푸진 여우 띠티에짠 마

'집 근처에는 전철역이 있나요?'라는 의미입니다.
집 근처에 어떤 대상이 있는지 물을 때 쓸 수 있는 표현입니다.

没有。　　없습니다.
Méiyou.
메이여우

有，离我家很近。　　있어요, 집에서 가까워요.
Yǒu, lí wǒ jiā hěn jìn.
여우, 리 워 지아 헌 진

有是有，但有点儿远。　　있긴 있는데, 좀 멀어요.
Yǒu shì yǒu, dàn yǒudiǎnr yuǎn.
여우 스 여우, 딴 여우디얼 위엔

TIP

离는 장소를 나타내는 목적어 앞에 쓰여 '~에서부터'라는 의미로 사용됩니다. [개사(전치사)+목적어] 구조를 개사구라고 하는데, 문장 안에서 일반적으로 부사어 역할을 하며 대부분 술어 앞에 위치합니다.

관련표현

☑ 집 근처에 전철역이 있습니다.

我家附近有地铁站。

Wǒ jiā fùjìn yǒu dìtiězhàn.

워 지아 푸진 여우 띠티에짠

☑ 집 근처에 전철역이 없습니다.

我家附近没有地铁站。

Wǒ jiā fùjìn méiyou dìtiězhàn.

워 지아 푸진 메이여우 띠티에짠

☑ 집 근처에 버스정류장이 있습니다.

我家附近有公交车站。

Wǒ jiā fùjìn yǒu gōngjiāochēzhàn.

워 지아 푸진 여우 꽁지아오처짠

☑ 집 근처에 어떤 것도 없습니다.

我家附近什么都没有。

Wǒ jiā fùjìn shénme dōu méiyou.

워 지아 푸진 션머 또우 메이여우

단어

附近[fùjìn] 근처, 부근

地铁站 [dìtiězhàn] 전철역

公交车站 [gōngjiāochēzhàn] 버스정류장

집 근처에 무엇이 있는지 물어볼 때 답변할 수 있는 표현입니다. **什么都没有**는 '어떤 것도 없다'라는 의미를 가집니다. 근처에 아무것도 없다고 할 때 쓸 수 있는 표현입니다.

대화문

A : 집 근처에 전철역이 있나요?

你家附近有地铁站吗?

Nǐ jiā fùjìn yǒu dìtiězhàn ma?

니 지아 푸진 여우 띠티에짠 마

B : 있어요, 집에서부터 그다지 멀지 않아요.

有，离我家不太远。

Yǒu, lí wǒ jiā bútài yuǎn.

여우, 리 워 지아 부타이 위엔

A : 그러면 올 때, 전철 타세요.

那你来时，坐地铁吧。

Nà nǐ lái shí, zuò dìtiě ba.

나 니 라이 스, 쭈어 띠티에 바

B : 저도 그렇게 생각하고 왔어요.

我也那么想着来着。

Wǒ yě nàme xiǎngzhe láizhe.

워 이에 나머 시앙져 라이져

A : 서울역에 도착하려고 할 때 저한테 전화 주세요.

快要到首尔站时，给我打电话。

Kuàiyào dào Shǒuěrzhàn shí, gěi wǒ dǎ diànhuà.

쿠와이이야오 따오 쇼우얼짠 스, 게이 워 따 띠엔화

B : 알겠습니다.

好的。

Hǎo de.

하오 더

단어

快要[kuàiyào] 곧 ~하려고 하다

[동사+着+동사+着]의 용법으로 보통 着는 동사 뒤에 붙어서 상태의 지속을 나타냅니다. [동사+着+동사+着]와 같이 연속 되어 표현될 때는 동사의 상태나 동작이 지속되다가 결국에는 어떤 결과가 나타났음을 표현합니다.

패턴 058

你的爱好是什么?

Nǐ de àihào shì shénme?

니 더 아이하오 스 션머

'취미가 무엇인가요?'라는 의미입니다.
상대방의 취미를 물을 때 쓸 수 있는 표현입니다.

打高尔夫球。 골프 치는 거요.

Dǎ gāoěrfūqiú.

따 까오얼푸치우

很多运动我都喜欢。 운동을 다 좋아해요.

Hěn duō yùndòng wǒ dōu xǐhuan.

헌 뚜어 윈똥 워 또우 시후안

我没有特别的爱好。 저는 특별한 취미가 없어요.

Wǒ méiyou tèbié de àihào.

워 메이여우 트어비에 더 아이하오

Part 06 일상

TIP

爱好[àihào]는 취미라는 의미인데 원래 好[hǎo]는 3성으로 쓰이지만 爱好라고 쓰일 때는 4성으로 표기합니다. 또한 好가 4성으로 쓰이는 경우가 있는데 그때는 동사로 '좋아하다'라는 의미를 가집니다.

관련표현

☑ 저의 취미는 음악 듣는 것입니다.

我的爱好是听音乐。

Wǒ de àihào shì tīng yīnyuè.

워 더 아이하오 스 팅 인위에

☑ 저의 취미는 사진 찍기입니다.

我的爱好是拍照片。

Wǒ de àihào shì pāi zhàopiàn.

워 더 아이하오 스 파이 짜오피엔

☑ 저의 취미는 축구하는 것입니다.

我的爱好是踢足球。

Wǒ de àihào shì tī zúqiú.

워 더 아이하오 스 티 주치우

☑ 저의 취미는 게임하는 것입니다.

我的爱好是玩儿游戏。

Wǒ de àihào shì wánr yóuxì.

워 더 아이하오 스 왈 여우시

단어

爱好[àihào] 취미

音乐[yīnyuè] 음악

拍[pāi] 찍다

照片[zhàopiàn] 사진

踢[tī] (축구) 차다

足球[zúqiú] 축구

취미에 대해 물어볼 때 쓸 수 있는 표현으로 다양한 취미에 대해 말할 수 있습니다. 爱好는 취미라는 의미인데 好는 보통 3성으로 발음하지만 爱好에서는 4성으로 발음해야 합니다.

대화문

A: 취미가 어떻게 되세요?

你的爱好是什么?

Nǐ de àihào shì shénme?

니 더 아이하오 스 션머

B: 골프 치는 거요, 당신은요?

打高尔夫球，你呢?

Dǎ gāoěrfūqiú, nǐ ne?

따 까오얼푸치우, 니 너

A: 등산이요.

爬山。

Páshān.

파샨

B: 등산 힘들지 않아요?

爬山不累吗?

Páshān bú lèi ma?

파션 부 레이 마

A: 힘들긴 힘든데, 산 정상에 가면 느낌이 상쾌해요.

累是累，但爬到山顶后感觉很爽。

Lèi shì lèi, dàn pá dào shāndǐng hòu gǎnjué hěn shuǎng.

레이 스 레이, 딴 파 따오 샨띵 호우 깐쥐에 헌 슈앙

B: 다음에 저 데리고 같이 등산 가요.

下次你带我一起爬。

Xiàcì nǐ dài wǒ yìqǐ pá.

시아츠 니 따이 워 이치 파

단어

山顶[shāndǐng]
산 정상

爽[shuǎng]
상쾌하다

구기종목을 말할 때 손을 이용하는 것은 打[dǎ]를, 발을 이용하는 것은 踢[tī]를 사용합니다.

패턴
059

你生活习惯了吗?

Nǐ shēnghuó xíguàn le ma?
니 셩후어 시꾸안 러 마

'생활은 적응이 되었나요?'라는 의미입니다.
习惯은 '습관'이라는 의미를 가지지만, 상황에 따라 '적응'이라는 의미로 해석할 수 있습니다.

还不太习惯。

Hái bútài xíguàn.
하이 부타이 시꾸안

아직 적응이 안 되었습니다.

正在适应。

Zhèngzài shìyīng.
쩡짜이 스잉

적응 중입니다.

已经习惯了。

Yǐjīng xíguàn le.
이징 시꾸안 러

이미 적응했습니다.

TIP

习惯은 오랜 시간에 걸쳐 만들어진 행위의 특징, 즉 습관입니다. 다른 뜻으로 점차 적응해가는 것을 말하며, 부정적, 긍정적 의미를 동시에 가집니다. 새로운 환경, 날씨, 음식에 적응한다고 할 때 쓸 수 있는 표현입니다.

관련표현

☑ 생활이 아직 적응이 되지 않았습니다.

生活还不太习惯。

Shēnghuó hái bútài xíguàn.

셩후어 하이 부타이 시꾸안

☑ 이미 적응되었습니다.

我已经习惯了。

Wǒ yǐjīng xíguàn le.

워 이징 시꾸안 러

☑ 저는 중국요리에 적응이 되었습니다.

我对中国菜习惯了。

Wǒ duì Zhōngguócài xíguàn le.

워 뚜이 쭝구어차이 시꾸안 러

☑ 저는 적응 중입니다.

我正在适应。

Wǒ zhèngzài shìyīng.

워 쩡짜이 스잉

단어

生活[shēnghuó]
생활

习惯[xíguàn]
습관, 적응

适应[shìyīng]
적응하다

对는 동작이나 행위의 대상을 이끌어냅니다. 전치사로서 '~에게, ~에'라는 의미를 가집니다.

대화문

A : 생활이 적응이 되었나요?
你生活习惯了吗?
Nǐ shēnghuó xíguàn le ma?
니 성후어 시꾸안 러 마

B : 아직 적응이 안 되었어요.
还是不太习惯。
Háishi bútài xíguàn.
하이스 부타이 시꾸안

A : 어떤 것이 적응이 안 됐어요?
什么不习惯?
Shénme bù xíguàn?
션머 뿌 시꾸안

B : 음식에 있어서 전 매운 것을 먹을 수 없어요.
饮食上，我不太能吃辣的。
Yǐnshí shang, wǒ bútài néng chī là de.
인스 샹, 워 부타이 넝 츠 라 더

A : 한국요리에는 고추를 안 넣는 것이 없는 것 같아요.
好像韩国菜里没有不放辣椒的。
Hǎoxiàng Hánguócài li méiyou bú fàng làjiāo de.
하오시앙 한구어차이 리 메이여우 부 팡 라지아오 더

B : 음식이 저의 입맛에 맞지 않아요.
饮食不合我的口味。
Yǐnshí bù hé wǒ de kǒuwèi.
인스 뿌 흐어 워 더 코우웨이

단어

饮食[yǐnshí] 음식

辣椒[làjiāo] 고추

口味[kǒuwèi] 입맛

口味는 '입맛, 기호'라는 의미를 가집니다. 비슷한 의미의 단어를 소개합니다.
风味[fēngwèi] 그 지역만의 특색, **胃口**[wèikǒu] 식욕, **味道**[wèidao] 맛

这个周末你打算干什么?

Zhège zhōumò nǐ dǎsuan gàn shénme?

쩌거 쪼오모 니 따수안 깐 션머

패턴 060

'이번 주말에 무엇을 할 계획인가요?'라는 의미를 가집니다.
어떤 계획이 있는지 물을 때 打算을 사용하여 쓸 수 있는 표현입니다.

锻炼身体，爬山。 몸을 단련하고, 등산을 할 겁니다.

Duànliàn shēntǐ, páshān.

뚜안리엔 션티, 파샨

我最近太累了，想在家好好儿休息。 요즘 너무 피곤해서, 집에서 푹 쉬고 싶습니다.

Wǒ zuìjìn tài lèi le, xiǎng zài jiā hǎohāor xiūxi.

워 쭈이진 타이 레이 러, 시앙 짜이 지아 하오할 시우시

没有什么特别的打算。 특별한 계획이 없습니다.

Méiyǒu shénme tèbié de dǎsuan.

메이여우 션머 트어비에 더 따수안

TIP

打算은 두 가지 의미를 가지고 있습니다. 조동사로 ~할 계획이라는 의미와 명사로 '계획, 스케줄'이라는 의미입니다.

관련표현

☑ 저는 어떤 계획이 없습니다.

我没有什么打算。

Wǒ méiyou shénme dǎsuan.

워 메이여우 션머 따수안

☑ 이번 주말에 어떤 계획이 없습니다.

这个周末没什么计划。

Zhège zhōumò méi shénme jìhuà.

쩌거 쪼오모 메이 션머 지화

☑ 저는 가족들과 같이 밥을 먹으려고 합니다.

我要跟家人一起吃饭。

Wǒ yào gēn jiārén yìqǐ chīfàn.

워 이야오 껀 지아런 이치 츠판

☑ 저는 집에서 푹 쉬고 싶습니다.

我想在家好好儿休息。

Wǒ xiǎng zài jiā hǎohāor xiūxi.

워 시앙 짜이 지아 하오할 시우시

계획이 어떤지 물어볼 때 답할 수 있는 표현입니다. 打算은 동사와 명사로 쓰일 수 있습니다. 동사로 쓰일 때는 '~할 계획이다'라는 의미로 쓰이고, 명사로 쓰일 때는 '계획'이라는 의미를 가집니다.

단어

计划[jìhuà] 계획

대화문

A : 이번 주말에 무엇을 할 계획인가요?

这个周末你打算干什么?

Zhège zhōumò nǐ dǎsuan gàn shénme?

쩌거 쪼오모 니 따수안 깐 션머

B : 집에서 푹 쉬고 싶습니다. 당신은요?

想在家好好儿休息。你呢?

Xiǎng zài jiā hǎohāor xiūxi. Nǐ ne?

시앙 짜이 지아 하오할 시우시. 니 너

A : 친구 결혼식 참석해요.

参加同学的婚礼。

Cānjiā tóngxué de hūnlǐ.

찬지아 통쉬에 더 훈리

B : 당신은 언제 결혼하시는데요?

你什么时候结婚啊?

Nǐ shénmeshíhou jiéhūn a?

니 션머스호우 지에훈 아

A : 스트레스가 많아서 결혼에 대해 생각해보지 않았어요.

压力太大，对婚姻没想好呢。

Yālì tài dà, duì hūnyīn méi xiǎng hǎo ne.

야리 타이 따, 뚜이 훈인 메이 시앙 하오 너

B : 왜 그렇게 부정적이에요!

怎么这么消极啊!

Zěnme zhème xiāojí a!

쩐머 쩌머 시아오지 아

단어

婚礼[hūnlǐ]
결혼식

压力[yālì]
스트레스

婚姻[hūnyīn]
결혼

消极[xiāojí]
부정적이다

消极는 '부정적'이라는 의미를 가집니다. 어떠한 것의 부정적이고 발전을 저해하는 면을 의미할 때 쓰이기도 합니다. 또한 어떤 일에 대해 희망이 없다고 해서 버리고 노력하지 않음을 의미하기도 합니다.

복습하기 [패턴 051-060] 일상

★ 051 무엇을 하고 있나요?
你在干什么?
Nǐ zài gàn shénme?

★ 052 준비 잘 되었나요?
你准备好了吗?
Nǐ zhǔnbèi hǎo le ma?

★ 053 우리 무엇을 해야 하나요?
我们要做什么?
Wǒmen yào zuò shénme?

★ 054 어떤 계절을 좋아하시나요?
你喜欢哪个季节?
Nǐ xǐhuan nǎge jìjié?

★ 055 어디가 불편하시나요?
你哪儿不舒服?
Nǐ nǎr bù shūfu?

★ 056 누구와 같이 가나요?
你跟谁一起去?
Nǐ gēn sheí yìqǐ qù?

★ 057 집 근처에는 전철역이 있나요?
你家附近有地铁站吗?
Nǐ jiā fùjìn yǒu dìtiězhàn ma?

★ 058 취미가 무엇인가요?
你的爱好是什么?
Nǐ de àihào shì shénme?

★ 059 생활은 적응이 되었나요?
你生活习惯了吗?
Nǐ shēnghuó xíguàn le ma?

★ 060 이번 주말에 무엇을 할 계획인가요?
这个周末你打算干什么?
Zhège zhōumò nǐ dǎsuan gàn shénme?

Part 07

음식

패턴
061

你能吃辣吗?

Nǐ néng chī là de ma?
니 넝 츠 라 더 마

'매운 것 드실 줄 아시나요?'라는 의미를 가집니다.
여러 가지 맛에 대한 표현이 있는데 무언가를 먹을 수 있는지를 물을 때 쓸 수 있는 표현입니다.

我能吃辣的。 저는 매운 것을 먹을 수 있습니다.
Wǒ néng chī là de.
워 넝 츠 라 더

我不太能吃辣的。 저는 매운 것을 먹을 수 없습니다.
Wǒ bútài néng chī là de.
워 부타이 넝 츠 라 더

我根本不能吃辣的。 전 원래 매운 것을 먹을 수 없습니다.
Wǒ gēnběn bùnéng chī là de.
워 껀번 뿌넝 츠 라 더

TIP

음식의 맛에 대해 알아보겠습니다.
味道[wèidào] 맛, 辣[là] 맵다, 甜[tián] 달다, 咸[xián] 짜다
淡[dàn]담백하다, 酸[suān] 시다, 苦[kǔ] 쓰다, 油腻[yóunì] 느끼하다

관련표현

☑ 단것 좋아하시나요?

你喜欢吃甜的吗?

Nǐ xǐhuan chī tián de ma?

니 시후안 츠 티엔 더 마

☑ 맛이 좀 쓰네요.

味道有点儿苦。

Wèidao yǒudiǎnr kǔ.

웨이따오 여우디얼 쿠

☑ 이 요리는 좀 싱겁네요.

这个菜有点儿咸。

Zhège cài yǒudiǎnr xián.

쩌거 차이 여우디얼 시엔

☑ 이 포도는 너무 시큼하네요.

这个葡萄太酸了。

Zhège pútao tài suān le.

쩌거 푸타오 타이 쑤안 러

단어

苦[kǔ] 쓰다

咸[xián] 싱겁다

葡萄[pútao] 포도

酸[suān] 시큼하다

먹는 것에 대해 물어볼 때 쓸 수 있는 표현으로 맛이 어떤지 말할 때 쓸 수 있습니다. 여러 가지 맛에 대한 표현을 익힐 수 있습니다.

대화문

A : 매운 것을 드실 수 있나요?

你能吃辣的吗?

Nǐ néng chī là de ma?

니 넝 츠 라 더 마

B : 먹을 수 있어요. 저는 후난 사람입니다.

能吃，我是湖南人。

Néng chī, wǒ shì Húnánrén.

넝 츠, 워 스 후난런

A : 후난 사람도 매운 것을 먹을 수 있나요?

湖南人也能吃辣的?

Húnánrén yě néng chī là de?

후난런 이에 넝 츠 라 더

B : 네!

对呀!

Duì ya!

뚜이 야

A : 저는 쓰촨 사람만이 매운 것을 먹을 수 있다고 들었어요.

我只听说过四川人能吃辣的。

Wǒ zhǐ tīngshuōguo Sìchuānrén néng chī là de.

워 즈 팅슈어구어 쓰추안런 넝 츠 라 더

B : 후난, 후베이 사람도 매운 것을 먹을 수 있어요.

湖南、湖北人也能吃辣的。

Húnán, Húběirén yě néng chī là de.

후난, 후베이런 이에 넝 츠 라 더

단어

听说[tīngshuō]
듣자 하니

[동사+过]는 '동사 한 적이 있다'라는 의미입니다. [没+동사+过]는 '~한 적이 없다'라는 의미이고, [동사+过~吗?]는 '~한 적이 있습니까?'라는 의미입니다. 즉, 과거의 경험을 말할 때 쓸 수 있는 표현입니다.

你们吃点儿什么?

패턴 062

Nǐmen chī diǎnr shénme?

니먼 츠 디얼 션머

'무엇을 드실 건가요?'라는 의미입니다.
무엇을 먹는지 물을 때 쓸 수 있는 표현입니다.

随便, 吃什么都行。 마음대로요, 뭐든 괜찮아요.

Suíbiàn, chī shénme dōu xíng.

수이비엔, 츠 션머 또우 싱

吃炸酱面怎么样? 자장면 먹는 것 어때요?

Chī zhájiàngmiàn zěnmeyàng?

츠 쟈지앙미엔 쩐머이양

天儿这么热, 吃碗冷面怎么样? 날이 이렇게 더운데, 냉면 먹는 것 어때요?

Tiānr zhème rè, chī wǎn lěngmiàn zěnmeyàng?

티얼 쩌머 르어, 츠 완 렁미엔 쩐머이양

TIP

随便은 '마음대로 하다, 편한 대로 하다, 상관없다'라는 의미를 가집니다. 누군가가 나의 의견을 물어볼 때 쓸 수 있는 표현으로 '어떤 것을 해도 나는 상관없다'라는 의미로 쓰입니다.

관련표현

☑ 맘대로 하세요.

你随便吧。

Nǐ suíbiàn ba.

니 수이비엔 바

☑ 당신 말 들을게요. 전 뭐든 괜찮아요.

就听你的，我什么都可以。

Jiù tīng nǐ dc, wǒ shénme dōu kěyǐ.

지우 팅 니 더, 워 션머 또우 커이

☑ 먹고 싶은 것이 있으면 그거 먹어요.

你想吃什么，就吃什么。

Nǐ xiǎng chī shénme, jiù chī shénme.

니 시앙 츠 션머, 지우 츠 션머

☑ 먹고 싶은 것이 있으면 그것 만들게요.

你想吃什么，就做什么。

Nǐ xiǎng chī shénme, jiù zuò shénme.

니 시앙 츠 션머, 지우 쭈어 션머

상대방의 의견에 따른다고 할 때 쓸 수 있는 표현들입니다.
[想+동사+什么, 就+동사+什么]는 '동사 하고 싶으면, 바로 동사하라'라는 의미를 가집니다.

단어

随便[suíbiàn]
마음대로

대화문

A : 뭐 드시겠어요?

你们吃点儿什么?

Nǐmen chī diǎnr shénme?

니먼 츠 디얼 션머

B : 국밥 괜찮아요. 점심은 간단히 먹어요.

汤饭就行，午饭简单吃点儿。

Tāngfàn jiù xíng, wǔfàn jiǎndān chī diǎnr.

탕판 지우 싱, 우판 지엔딴 츠 디얼

A : 마실 것은요?

喝的呢？

Hē de ne?

흐어 더 너

B : 안 마셔요, 오후에 일해야 되니까요.

不喝了，下午还得工作。

Bù hē le, xiàwǔ hái děi gōngzuò.

뿌 흐어 러, 시아우 하이 데이 꽁쭈어

A : 저녁에 치킨과 맥주 대접할게요.

找个晚上，我请你们吃炸鸡啤酒。

Zhǎo ge wǎnshang, wǒ qǐng nǐmen chī zhájī píjiǔ.

짜오 거 완샹, 워 칭 니먼 츠 쟈지 피지우

B : 좋아요! 저는 매우 좋아합니다.

好啊！我最喜欢了。

Hǎo a! Wǒ zuì xǐhuan le.

하오 아! 워 쭈이 시후안 러

단어

啤酒[píjiǔ] 맥주

得는 세 가지 발음을 가지고 있습니다. [děi]는 동사로 '~해야 한다, 필요하다'입니다. [de]는 동사 뒤에 쓰여 가능을 나타내거나 동작이 이미 완성되었음을 나타냅니다. [dé]는 '얻다, 됐다, 좋다, 충분하다'라는 의미로 동사입니다.

패턴 063

你喜欢吃什么菜?

Nǐ xǐhuan chī shénme cài?

니 시후안 츠 션머 차이

'어떤 요리를 좋아하시나요?'라는 의미입니다.
좋아하는 요리를 물어볼 때 쓸 수 있는 표현입니다.

我喜欢吃中国菜。

저는 중국요리를 좋아합니다.

Wǒ xǐhuan chī Zhōngguócài.

워 시후안 츠 쭝구어차이

我喜欢吃韩国的生鱼片。

저는 한국 회를 좋아합니다.

Wǒ xǐhuan chī Hánguó de shēngyúpiàn.

워 시후안 츠 한구어 더 셩위피엔

我喜欢吃清淡一点儿的。

전 좀 담백한 걸 좋아해요.

Wǒ xǐhuan chī qīngdàn yìdiǎnr de.

워 시후안 츠 칭딴 이디얼 더

TIP

什么는 의문사로 '무엇, 무슨'입니다. 주로 [동사+什么+명사?] 형태로 쓰입니다.

你吃什么饭?[Nǐ chī shénme fàn?] 너 무슨 밥 먹을래?

你看什么电影?[Nǐ kàn shénme diànyǐng?] 너 무슨 영화 볼래?

관련표현

☑ 당신의 식습관은 어떠신가요?

你的饮食习惯怎么样?

Nǐ de yǐnshí xíguàn zěnmeyàng?

니 더 인스 시꾸안 쩐머이양

☑ 저는 저지방요리를 좋아합니다.

我喜欢吃浙江菜。

Wǒ xǐhuan chī Zhèjiāngcài.

워 시후안 츠 저지앙차이

☑ 저는 보통 맵지 않으면 안 먹어요.

我一般不辣的不吃。

Wǒ yìbān bú là de bù chī.

워 이빤 부 라 더 뿌 츠

☑ 저는 담백한 것을 좋아합니다.

我喜欢吃清淡的。

Wǒ xǐhuan chī qīngdàn de.

워 시후안 츠 칭딴 더

식습관에 대해 물어보는 말에 답할 때 쓸 수 있는 표현입니다. [不+형용사+的+不+동사]는 '형용사 하지 않으면 동사하지 않다'라는 의미를 가집니다.

단어

清淡[qīngdàn]
담백하다

대화문

A : 어떤 요리 먹는 것을 좋아하나요?
你喜欢吃什么菜?
Nǐ xǐhuan chī shénme cài?
니 시후안 츠 션머 차이

B : 저는 중국요리를 좋아하는데, 당신은요?
我喜欢吃中国菜，你呢？
Wǒ xǐhuan chī Zhōngguócài, nǐ ne?
워 시후안 츠 쭝구어차이, 니 너

A : 저는 최근에 한국요리에 빠졌습니다.
我最近喜欢上了韩国菜。
Wǒ zuìjìn xǐhuan shàng le Hánguócài.
워 쭈이진 시후안 샹 러 한구어차이

B : 그래요? 저도요.
是吗？我也是。
Shì ma? Wǒ yěshì.
스 마? 워 이에스

A : 한국요리는 좀 맵지만, 먹을수록 중독이 돼요.
韩国菜虽然有点儿辣，但是吃着上瘾。
Hánguócài suīrán yǒudiǎnr là, dànshì chīzhe shàngyǐn.
한구어차이 수이란 여우디얼 라, 딴스 츠져 샹인

B : 저도 당신의 의견에 동의해요.
我也同意你的意见。
Wǒ yě tóngyì nǐ de yìjiàn.
워 이에 통이 니 더 이지엔

[동사1+着+동사2]는 동사1이 지속되는 동시에 동사2도 진행됨을 나타냅니다.

단어

上瘾[shàngyǐn]
중독되다

패턴 064

你喜欢吃面条吗?

Nǐ xǐhuan chī miàntiáo ma?

니 시후안 츠 미엔티아오 마

'국수 먹는 것을 좋아하시나요?'라는 의미를 가지니다.
좋아하는 음식을 물어볼 때 쓸 수 있는 표현입니다.

非常喜欢。 매우 좋아합니다.

Fēicháng xǐhuan.
페이창 시후안

不太喜欢。 그다지 좋아하지 않아요.

Bútài xǐhuan.
부타이 시후안.

说不上特别喜欢, 吃也行, 不吃也行。 매우 좋아한다고 말할 수는 없지만, 먹어도 먹지 않아도 상관없어요.

Shuōbushàng tèbié xǐhuan, chī yě xíng, bù chī yě xíng.
슈어부샹 트어비에 시후안, 츠 이에 싱, 뿌 츠 이에 싱

TIP

说不上은 [동사+不上]은 '동사를 할 수 없다'라는 의미를 가집니다. 不上은 동사 뒤에서 보어로 쓰여 어떤 것을 할 수 없음을 표현합니다.
看不上[kànbúshàng] 볼 수 없다 / 去不上[qùbúshàng] 갈 수 없다

관련표현

☑ 만두 드시는 것 좋아하시나요?

你喜欢吃饺子吗?

Nǐ xǐhuan chī jiǎozi ma?

니 시후안 츠 지아오즈 마

☑ 말린 국수 아니면 칼국수를 좋아하시나요?

你喜欢吃挂面还是刀削面?

Nǐ xǐhuan chī guàmiàn háishi dāoxiāomiàn?

니 시후안 츠 꾸아미엔 하이스 따오시아오미엔

☑ 저는 북방 사람이라, 국수 먹는 것을 좋아합니다.

我是北方人，喜欢吃面条。

Wǒ shì Běifāngrén, xǐhuan chī miàntiáo.

워 스 뻬이팡런, 시후안 츠 미엔티아오

☑ 저는 남방 사람이라서 쌀밥을 더 좋아합니다.

我是南方人，更喜欢吃米饭。

Wǒ shì Nánfāngrén, gèng xǐhuan chī mǐfàn.

워 스 난팡런, 껑 시후안 츠 미판

단어

挂面[guàmiàn]
말린 국수

刀削面
[dāoxiāomiàn]
칼국수

面条[miàntiáo]
국수

어떤 음식을 좋아하는지 묻고 답할 때 쓸 수 있는 표현입니다. **还是**는 선택의문문으로 '아니면'이라는 의미를 가집니다. **还是**는 또한 다른 의미로도 사용되는데 동사 앞에 위치하면 '여전히, ~하는 편이 좋다'라는 의미를 가지기도 합니다.

대화문

A : 국수 먹는 것 좋아하시나요?
你喜欢吃面条吗?
Nǐ xǐhuan chī miàntiáo ma?
니 시후안 츠 미엔티아오 마

B : 그렇게 좋아하지 않아요. 당신은요?
不怎么喜欢，你呢?
Bù zěnme xǐhuan, nǐ ne?
뿌 쩐머 시후안, 니 너

A : 하루에 적어도 한 번은 면을 먹어야 돼요.
一天至少有一顿得吃面。
Yì tiān zhìshǎo yǒu yí dùn děi chī miàn.
이 티엔 즈샤오 여우 이 뚠 데이 츠 미엔

B : 저는 반드시 밥을 먹어야 돼요.
我是必须吃米饭的。
Wǒ shì bìxū chī mǐfàn de.
워 스 삐쉬 츠 미판 더

A : 왜요?
为什么?
Wèishénme?
웨이션머

B : 밥만 먹으면 든든해져요.
只有吃了米饭，才感觉吃饱了。
Zhǐyǒu chī le mǐfàn, cái gǎnjué chībǎo le.
즈여우 츠 러 미판, 차이 깐쥐에 츠빠오 러

단어

至少[zhìshǎo]
적어도

必须[bìxū]
반드시

至少는 '최소한, 적어도'라는 의미를 가집니다. [至少+동사+수사+양사], [至少+수량사] 등의 용법으로 쓰입니다.

패턴 065

今天晚上我们去哪儿聚餐?

Jīntiān wǎnshang wǒmen qù nǎr jùcān?

진티엔 완샹 워먼 취 날 쥐찬

'오늘 저녁에 우리 어디로 가서 회식을 할까요?'라는 의미입니다.
'어디로'라는 의문대명사를 써서 장소를 물을 때 쓸 수 있습니다.

去中餐馆儿聚餐。 중국 식당에 가서 회식해요.

Qù zhōngcānguǎnr jùcān.

취 쭝찬괄 쥐찬

去主任家，参加他家的乔迁喜宴。 주임님 집에 가서, 집들이 축하해주러 가요.

Qù zhǔrèn jiā, cānjiā tā jiā de qiáoqiān xǐyàn.

취 쭈런 지아, 찬지아 타 지아 더 치아오치엔 시이엔

去市郊的农家乐餐馆儿野餐。 교외에 있는 농지아르어 식당에 가서 야외에서 먹어요.

Qù shìjiāo de nóngjiālè cānguǎnr yěcān.

취 스지아오 더 농지아러 찬괄 이에찬

TIP

乔迁喜宴는 '집들이'라는 의미를 가집니다. 乔迁은 '더 좋은 곳으로 집을 이사하다, 승진하다'로 주로 축하의 말을 전할 때 표현할 수 있습니다.

관련표현

☑ 오늘 저녁에 어떤 활동이 정해졌나요?

今天晚上安排了什么活动?

Jīntiān wǎnshang ānpái le shénme huódòng?

진티엔 완샹 안파이 러 션머 후어똥

☑ 오늘 저녁에 어디로 가서 노래 부를까요?

今天晚上去哪儿唱歌?

Jīntiān wǎnshang qù nǎr chànggē?

진티엔 완샹 취 날 창꺼

☑ 자주 가는 곳에서 회식해요.

还在老地方聚餐。

Hái zài lǎo dìfang jùcān.

하이 짜이 라오 띠팡 쥐찬

☑ 오늘 저녁 회사 아래 식당에서 꼭 봐요.

今天晚上公司楼下餐厅，不见不散。

Jīntiān wǎnshang gōngsī lóuxià cāntīng, bú jiàn bú sàn.

진티엔 완샹 꽁쓰 로우시아 찬팅 부 지엔 부 싼

어떤 일정이 있는지, 어디에서 활동을 하는지 표현을 할 때 쓸 수 있는 표현입니다. 不见不散은 약속을 할 때 쓸 수 있는 표현으로 '보지 않으면 흩어지지 않는다'라는 뜻입니다. 여기서는 '꼭 보자'라는 의미로 쓰였습니다.

단어

聚餐[jùcān] 회식

대화문

A : 오늘 저녁에 우리 어디 가서 회식할까요?

今天晚上我们去哪儿聚餐?

Jīntiān wǎnshang wǒmen qù nǎr jùcān?

진티엔 완샹 워먼 취 날 쥐찬

B : 교외의 농지아르어 식당으로 가요.

去郊区的一家农家乐餐厅。

Qù jiāoqū de yì jiā nóngjialè cāntīng.

취 지아오취 더 이 지아 농지아르 찬팅

A : 그곳 요리는 무슨 특별한 것이 있나요?

那家的菜有什么特别之处吗?

Nà jiā de cài yǒu shénme tèbié zhī chù ma?

나 지아 더 차이 여우 션머 트어비에 즈 추 마

B : 가장 중요한 건 식재료 모두 직접 재배한 것입니다.

最重要的是食材都是自家的。

Zuì zhòngyào de shì shícái dōushì zìjiā de.

쭈이 쭝이야오 더 스 스차이 또우스 쯔지아 더

A : 아, 유기농 식품이군요.

啊，是绿色食品。

Á, shì lǜsè shípǐn.

아, 스 뤼써 스핀

B: 토종닭은 직접 기른 것이고, 야채도 직접 기른 거예요.

土鸡是自家养的，蔬菜是自家种的。

Tǔjī shì zìjiā yǎng de, shūcài shì zìjiā zhòng de.

투지 스 쯔지아 양 더, 슈차이 스 쯔지아 쭁 더

农家乐는 농업과 재미를 결합한 체험형 농촌 여행입니다. 농업, 자연풍경, 현지 향토 문호, 거주문화, 레저, 오락 등이 결합된 새로운 관광 형태입니다.

단어

郊区[jiāoqū] 교외

重要[zhòngyào] 중요하다

绿色食品 [lǜsè shípǐn] 유기농 식품

蔬菜[shūcài] 야채

你喜欢中国菜还是韩国菜?

Nǐ xǐhuan Zhōngguócài háishi Hánguócài?

니 시후안 쭝구어차이 하이스 한구어차이

패턴 066

'중국요리를 좋아하시나요 아니면 한국요리를 좋아하시나요?'라는 의미입니다.

还是를 써서 선택을 할 때 쓸 수 있는 의문문입니다.

我都喜欢。 다 좋아합니다.

Wǒ dōu xǐhuan.

워 또우 시후안

我更喜欢中国菜。 저는 중국요리를 더 좋아합니다.

Wǒ gèng xǐhuan Zhōngguócài.

워 껑 시후안 쭝구어차이

我不喜欢中国菜，有点儿油腻。 저는 중국요리를 좋아하지 않는데, 좀 느끼해요.

Wǒ bù xǐhuan Zhōngguócài, yǒudiǎnr yóunì.

워 뿌 시후안 쭝구어차이, 여우디얼 여우니

TIP

还是는 접속사로 '또는, 아니면'라는 의미로 선택의문문에서 사용할 수 있습니다. 부사로 쓰이면 '여전히, 아직도, ~하는 편이 좋다'입니다. 그럴 줄 몰랐는데 의외임을 나타내는 '의외로, 뜻밖에'라는 의미도 있습니다.

관련표현

☑ 광둥요리 아니면 쓰촨요리를 좋아하나요?

你喜欢粤菜还是川菜?

Nǐ xǐhuan Yuècài háishi Chuāncài?

니 시후안 위에차이 하이스 추안차이

☑ 담백한 것 아니면 맛이 진한 것을 좋아하시나요?

你喜欢味道清淡的还是重的?

Nǐ xǐhuan wèidao qīngdàn de háishi zhòng de?

니 시후안 웨이따오 칭딴 더 하이스 쫑 더

☑ 당신은 서양식 아니면 중국요리를 좋아하시나요?

你喜欢西餐还是中餐?

Nǐ xǐhuan xīcān háishi zhōngcān?

니 시후안 시찬 하이스 쫑찬

☑ 쓰촨 샤브샤브 아니면 일본식 샤브샤브를 좋아하시나요?

你喜欢四川火锅还是日式火锅?

Nǐ xǐhuan Sìchuān huǒguō háishi Rìshì huǒguō?

니 시후안 쓰추안 후어구어 하이스 리스 후어구어

후어구어의 유래에 대한 이야기입니다. 후어구어는 원나라 황제가 중원에서 전쟁하던 중 북방에서 먹던 양고기 요리가 생각나서 만들려고 했으나 그때 적군의 진격이 시작됐다는 첩보가 왔고, 요리할 시간이 부족해진 주방장은 양고기를 얇게 썰은 뒤 끓는 물에 데친 뒤 황제에게 가져다주었다고 합니다.

단어

粤菜[yuècài]
광둥요리

西餐[xīcān]
서양요리

火锅[huǒguō]
샤브샤브

대화문

A: 중국요리 아니면 한국요리를 좋아하시나요?
你喜欢中国菜还是韩国菜?
Nǐ xǐhuan Zhōngguócài háishi Hánguócài?
니 시후안 쭝구어차이 하이스 한구어차이

B: 말하기 힘드네요.
不太好说。
Bútài hǎo shuō.
부타이 하오 슈어

A: 왜요?
为什么?
Wèishénme?
웨이션머

B: 중국요리는 맛있긴 맛있는데, 좀 느끼해요.
中国菜好吃是好吃，有点儿油腻。
Zhōngguócài hǎochī shì hǎochī, yǒudiǎnr yóunì.
쭝구어차이 하오츠 스 하오츠, 여우디얼 여우니

A: 그러면 한국요리는요?
那韩国菜呢?
Nà Hánguócài ne?
나 한구어차이 너

B: 한국요리는 맛있긴 맛있는데, 좀 매워요.
韩国菜好吃是好吃，有点儿辣。
Hánguócài hǎochī shì hǎochī, yǒudiǎnr là.
한구어차이 하오츠 스 하오츠, 여우디얼 라

단어

还是[háishi]
아니면

好吃[hǎochī]
맛있다

[不太+형용사]는 '그다지~하지 않다'라는 뜻입니다. 부정의 강도를 약화시키며, 말투를 조금 더 완곡하게 만듭니다.

패턴
067

这儿的菜合你的胃口吗?

Zhèr de cài hé nǐ de wèikǒu ma?
쩔 더 차이 흐어 니 더 웨이코우 마

'이곳의 요리가 입맛에 맞으시나요?'라는 의미입니다.
요리가 상대방의 입맛에 맞는지 물어볼 때 쓸 수 있는 표현입니다.

不错, 很合我的胃口。

좋아요. 제 입맛에 맞아요.

Búcuò, hěn hé wǒ de wèikǒu.
부추어, 헌 흐어 워 더 웨이코우

还可以, 就是有点儿辣。

괜찮아요. 그런데 좀 맵네요.

Hái kěyǐ, jiùshì yǒudiǎnr là.
하이 커이, 지우스 여우디얼 라

不太合我的胃口, 下次别再来了。

제 입맛에 맞지 않네요. 다음에 다시 오지 마요.

Bútài hé wǒ de wèikǒu, xiàcì bié zài lái le.
부타이 흐어 워 더 웨이코우, 시아츠 비에 짜이 라이 러

TIP

胃口는 '입맛, 흥미'라는 의미고, 合는 '부합하다, 어울리다'라는 의미입니다. 그래서 合....胃口는 '입맛에 맞다'라는 뜻이 됩니다. [A+合+B]는 'A와 B가 어울리다, 맞다'라는 의미로 자주 사용이 됩니다.

관련표현

☑ 이곳의 음식에 아직도 적응중인가요?

这儿的菜你还适应吗?

Zhèr de cài nǐ hái shìyīng ma?

쩔 더 차이 니 하이 스잉 마

☑ 중국요리는 너무 느끼해서 저는 좀 맞지 않네요

中国菜太油了，我有点不适应。

Zhōngguócài tài yóu le, wǒ yǒudiǎn bù shìyīng.

쭝구어차이 타이 여우 러, 워 여우디엔 뿌 스잉

☑ 쓰촨요리는 매우 매워서, 저는 먹을 수 없습니다.

四川菜太辣了，我吃不惯。

Sìchuāncài tài là le, wǒ chī bú guàn .

쓰추안차이 타이 라 러, 워 츠 부 꾸안

☑ 이곳의 요리는 집에서 먹는 것 같은 느낌이고,
우리 자주 와요.

这里的菜有家里饭菜的感觉，咱们经常来吧。

Zhèli de cài yǒu jiā li fàncài de gǎnjué, zánmen jīngcháng lái ba.

쩌리 더 차이 여우 지아 리 판차이 더 깐쥐에, 짠먼 징창 라이 바

요리가 어떤지 묻거나 답할 때 쓸 수 있는 표현입니다.

吃不惯은 [동사+不惯]의 용법으로 '~할 수 없다'라는 의미를 가집니다. (습관이 되지 않음)

단어

经常[jīngcháng]
자주

대화문

A: 이곳의 요리가 입맛에 맞나요?
这儿的菜合你的胃口吗?
Zhèr de cài hé nǐ de wèikǒu ma?
쩔 더 차이 흐어 니 더 웨이코우 마

B: 좋아요, 회가 신선해요.
不错，生鱼片很新鲜。
Búcuò, shēngyúpiàn hěn xīnxiān.
부추어, 셩위피엔 헌 신시엔

A: 좋아하면, 다음에 또 와요.
你要是喜欢，就下次再来。
Nǐ yàoshì xǐhuan, jiù xiàcì zài lái.
니 이야오스 시후안, 지우 시아츠 짜이 라이

B: 다음에 제가 대접할게요, 우리 게 먹어요.
下次我请，我们去吃螃蟹吧。
Xiàcì wǒ qǐng, wǒmen qù chī pángxiè ba.
시아츠 워 칭, 워먼 취 츠 팡시에 바

A: 좋아요! 다음에 여자 친구도 데리고 오세요.
好啊！下次带上你的女朋友吧。
Hǎo a! Xiàcì dài shàng nǐ de nǚpéngyou ba.
하오 아! 시아츠 따이 샹 니 더 뉘펑여우 바

B: 당신도 아내랑 같이 오세요.
你也跟爱人一起来吧。
Nǐ yě gēn àiren yìqǐ lái ba.
니 이에 껀 아이런 이치 라이 바

단어

新鲜[xīnxiān] 신선하다

螃蟹[pángxiè] 게

[**要是**+가정+(**的话**), **就**+결과]는 가정복문으로 앞에 가정된 상황이 오고, 뒤에는 그에 따라 발생할 수 있는 결과가 오는 두 개의 절로 이루어진 문장입니다. '만약에 ~한다면 …하다'라는 뜻입니다. 두 번째 절에서 주어가 나오면 **就**는 주어 뒤에 위치하게 됩니다.

你们这儿有什么特色菜?

패턴 068

Nǐmen zhèr yǒu shénme tèsècài?
니먼 쩔 여우 션머 트어써차이

'이곳에 어떤 특별 요리가 있나요?'라는 의미입니다.
식당에서 가장 잘하는 요리를 추천받고 싶을 때 쓸 수 있는 표현입니다.

面都很好吃。 면은 모두 맛있습니다.
Miàn dōu hěn hǎochī.
미엔 또우 헌 하오츠

我们店的麻辣香锅非常好吃。 우리 가게의 마라샹궈는 매우 맛있습니다.
Wǒmen diàn de málàxiāngguō fēicháng hǎochī.
워먼 디엔 더 마라시앙구어 페이창 하오츠

海鲜菜很不错。 해산물 요리가 좋아요.
Hǎixiān cài hěn búcuò.
하이시엔 츠 헌 부추어

TIP

特色菜는 '특별요리, 가장 잘하는 요리'라는 의미를 가집니다. 식당에서 요리를 추천받고 싶을 때 쓸 수 있는 표현입니다. 비슷한 의미로 拿手菜[náshǒucài]으로도 표현할 수 있습니다.

관련표현

☑ 이곳에 어떤 추천 요리가 있나요?

你们这儿有什么招牌菜?

Nǐmen zhèr yǒu shénme zhāopáicài?

니먼 쩔 여우 션머 짜오파이차이

☑ 추천할 요리가 있나요?

你有什么推荐的菜吗?

Nǐ yǒu shénme tuījiàn de cài ma?

니 여우 션머 투이지엔 더 차이 마

☑ 이곳 꽁바오지띵을 주문하는 사람이 매우 많습니다.

我们这儿点宫保鸡丁的人最多。

Wǒmen zhèr diǎn gōngbǎojīdīng de rén zuì duō.

워먼 쩔 디엔 꽁빠오지띵 더 런 쭈이 뚜어

☑ 이곳에 오는 사람은 꼭 해산물탕을 주문해요.

来我们这儿的人必点海鲜汤。

Lái wǒmen zhèr de rén bìdiǎn hǎixiāntāng

라이 워먼 쩔 더 런 삐디엔 하이시엔탕

点은 '주문하다'라는 의미를 가지며, 招牌菜는 '간판에 쓰여 있는 음식', 즉 추천음식으로 한 식당에서 가장 자신 있게 내놓는 음식을 나타냅니다. 主打菜[zhǔdǎcài]라고도 합니다.

단어

招牌菜
[zhāopáicài]
추천요리

대화문

A : 이곳에 특별 요리가 있나요?
你们这儿有什么特色菜?
Nǐmen zhèr yǒu shénme tèsècài?
니먼 쩔 여우 션머 트어써차이

B : 우리 이곳의 마라탕이 매우 맛있습니다.
我们这儿的麻辣烫特别好吃。
Wǒmen zhèr de málàtàng tèbié hǎochī.
워먼 쩔 더 마라탕 트어비에 하오츠

A : 마라탕은 모두 같은 것 아닌가요? 다 매운 맛이지요.
麻辣烫不都一样嘛，都是辣味儿。
Málàtàng bù dōu yíyàng ma, dōushì làwèir.
마라탕 뿌 또우 이이양 마, 또우스 라월

B : 우리 가게의 마라탕은 모두 신선한 해산물입니다.
我们店的麻辣烫都是新鲜的海鲜。
Wǒmen diàn de málàtàng dōushì xīnxiān de hǎixiān.
워먼 디엔 더 마라탕 또우스 신시엔 더 하이시엔

A : 그러면 추천하시는 요리 주문할게요.
那就点你推荐的菜吧。
Nà jiù diǎn nǐ tuījiàn de cài ba.
나 지우 디엔 니 투이지엔 더 차이 바

B : 알겠습니다, 곧 올리겠습니다.
好，马上就来。
Hǎo, mǎshàng jiù lái.
하오, 마샹 지우 라이

부사 **马上**은 동사 앞에 쓰여, 어떤 동작이 곧 발생한다는 뜻을 나타냅니다.

단어

麻辣烫
[málàtàng] 마라탕

辣味儿[làwèir]
매운맛

패턴
069

今天打算在家做什么好吃的?

Nǐ jīntiān dǎsuan zài jiā zuò shénme hǎochī de?
니 진티엔 따수안 짜이 지아 쭈어 션머 하오츠 더

'오늘 집에서 무슨 맛있는 것 해줄 계획이세요?'라는 의미입니다.
어떤 맛있는 것을 먹고 싶냐고 물을 때 쓸 수 있는 표현입니다.

晚上做烤肉吃怎么样?

Wǎnshang zuò kǎoròu chī zěnmeyàng?
완샹 쭈어 카오로우 츠 쩐머이양

저녁에 불고기 해서 먹는 것 어때요?

老公,你想吃什么,我就做什么。

Lǎogōng, nǐ xiǎng chī shénme, wǒ jiù zuò shénme.
라오꽁, 니 시앙 츠 션머, 워 지우 쭈어 션머

남편, 드시고 싶은 것이 있으면 그거 요리할게요.

出去吃怎么样啊?

Chūqù chī zěnmeyàng a?
추취 츠 쩐머이양 아

나가서 먹는 거 어때요?

TIP

[想+동사+什么,就+동사+什么]는 '동사하고 싶은 것이 있으면 바로 동사해라'라는 의미를 가집니다. 결론적으로 말하면 '하고 싶은 대로 하라'라는 의미로 쓰입니다.

관련표현

☑ 오늘 집에서 어떤 맛있는 것 요리할 계획이에요?

你今天打算在家做什么美味?

Nǐ jīntiān dǎsuan zài jiā zuò shénme měiwèi?

니 진티엔 따수안 짜이 지아 쭈어 션머 메이웨이

☑ 드디어 메인 셰프가 요리했네요.

终于等到大厨下厨了。

Zhōngyú děng dào dàchú xiàchú le.

쫑위 떵 따오 따추 시아추 러

☑ 오히려 주방에 방해가 되니, 오늘 저녁은 제가 할게요.

你是厨房炸药，今晚还是我来吧。

Nǐ shì chúfáng zhàyào, jīnwǎn háishi wǒ lái ba.

니 스 추팡 쟈이야오, 진완 하이스 워 라이 바

☑ 집에서 먹으면 정리하기가 힘드니 우리 나가서 먹어요.

在家吃的话太难收拾，我们出去吃吧。

Zài jiā chī de huà tài nán shōushí, wǒmen chūqù chī ba.

짜이 지아 츠 더 화 타이 난 쇼우스, 워먼 추취 츠 바

단어

终于[zhōngyú]
마침내

厨房[chúfáng]
주방

收拾[shōushí]
정리하다

요리에 대해 말할 수 있는 표현으로 쓸 수 있습니다.
厨房炸药에서 炸药는 '폭약'이라는 의미이기 때문에 厨房炸药는 '주방 방해자'라는 뜻을 가집니다.

대화문

A : 오늘 집에서 무슨 맛있는 것 요리해주려고 해요?
你今天打算在家做什么好吃的?
Nǐ jīntiān dǎsuan zài jiā zuò shénme hǎochī de?
니 진티엔 따수안 짜이 지아 쭈어 션머 하오츠 더

B : 오늘은 주말이니, 불고기 만들어서 먹는 것 어때요?
今天是周末，做烤肉吃怎么样?
Jīntiān shì zhōumò, zuò kǎoròu chī zěnmeyàng?
진티엔 스 쪼오모, 쭈어 카오로우 츠 쩐머이양

A : 좋아요. 술도 한잔하면 긴장도 풀릴 것 같아요.
好，再喝点儿酒放松一下。
Hǎo, zài hē diǎnr jiǔ fàngsōng yíxià.
하오, 짜이 흐어 디얼 지우 팡송 이시아

B : 우리 아침이 늦었으니, 두 끼만 먹어요.
咱们早饭吃得晚，今天两顿饭。
Zánmen zǎofàn chī de wǎn, jīntiān liǎng dùn fàn.
짠먼 짜오판 츠 더 완, 진티엔 리앙 뚠 판

A : 점심 겸 저녁을 먹자는 거죠?
你的意思是午饭当晚饭吃?
Nǐ de yìsi shì wǔfàn dāng wǎnfàn chī?
니 더 이쓰 스 우판 땅 완판 츠

B : 네. 오후 4시 정도에 불고기 먹어요.
对，下午四点来钟吃完烤肉。
Duì, xiàwǔ sì diǎn lái zhōng chī wán kǎoròu.
뚜이, 시아우 쓰 디엔 라이 쫑 츠 완 카오로우

단어

放松[fàngsōng]
긴장을 이완하다

意思는 '생각, 의견, 의미, 성의'라는 의미가 있습니다.
这是我个人的意思。 이것은 제 개인의 생각입니다.
你说的是什么意思? 당신이 말한 것이 무슨 의미입니까?
小意思，请收下。 작은 성의입니다. 받아주세요.

你有什么忌口的?

Nǐ yǒu shénme jìkǒu de?

니 여우 션머 지코우 더

패턴 070

'뭐 가리는 음식이 있나요?'라는 의미입니다.
누군가와 식사를 할 때 가리는 음식이나 꺼리는 음식이 있는지 물어볼 때 쓸 수 있는 표현입니다.

我不吃香菜。 저는 고수를 먹지 않아요.

Wǒ bù chī xiāngcài.

워 뿌 츠 시앙차이

我对海鲜过敏。 저는 해산물에 알레르기 반응이 있어요.

Wǒ duì hǎixiān guòmǐn.

워 뚜이 하이시엔 꾸어민

我不挑，都能吃。 저는 안 가려요, 다 먹어요.

Wǒ bù tiāo, dōu néng chī.

워 뿌 티아오, 또우 넝 츠

TIP

[对....过敏]은 '~에 대해 민감하다'라는 의미를 가집니다. 对 뒤에 어떤 대상을 넣어서 그 대상에 대해 민감하다고 할 때 쓸 수 있는 표현입니다.

관련표현

☑ 못 드시는 것 있나요?

你有什么不吃的吗?

Nǐ yǒu shénme bù chī de ma?

니 여우 션머 뿌 츠 더 마

☑ 못 먹는 음식이 있나요?

你有什么不能吃的吗?

Nǐ yǒu shénme bùnéng chī de ma?

니 여우 션머 뿌넝 츠 더 마

☑ 그는 이슬람교라서, 돼지고기를 먹지 않아요.

他是伊斯兰教的，不吃猪肉。

Tā shì yīsīlánjiào de, bù chī zhūròu.

타 스 이쓰란지아오 더, 뿌 츠 쭈로우

☑ 할아버지는 3고(고혈압, 고지혈, 고혈당)환자라서 음식에 설탕을 넣으면 안 돼요.

爷爷三高，所以食物不能放糖。

Yéye sān gāo, suǒyǐ shíwù bùnéng fàng táng.

이에이에 싼 까오, 수오이 스우 뿌넝 팡 탕

기피하는 음식이 있는지 가리는 음식이 있는지에 대해 물을 때 쓸 수 있는 표현입니다. 三高는 고혈압, 고지혈, 고혈당을 의미합니다. 高血压[gāoxuèyā] 고혈압, 高脂血[gāozhīxuè] 고지혈, 高血糖[gāoxuètáng] 고혈당

단어

伊斯兰教
[yīsīlánjiào]
이슬람교

대화문

A : 이 집의 해산물 모듬이 추천 요리예요.

这家店的海鲜大咖是招牌菜。

Zhè jiā diàn de hǎixiān dàkā shì zhāopáicài.

쩌 지아 디엔 더 하이시엔 따카 스 짜오파이차이

B : 좋은데요.

听起来不错。

Tīng qǐlái búcuò.

칭 치라이 부추어

A : 가리는 음식이 있나요?

你有什么忌口的?

Nǐ yǒu shénme jìkǒu de?

니 여우 션머 지코우 더

B : 없어요, 다 먹어요.

没有，都吃。

Méiyou, dōu chī.

메이여우, 또우 츠

A : 저는 고수를 먹지 않아요. 고수 넣지 않는 것 괜찮아요?

我不吃香菜，咱们不放香菜可以吗?

Wǒ bù chī xiāngcài, zánmen bú fàng xiāngcài kěyǐ ma?

워 뿌 츠 시앙차이, 짠먼 부 팡 시앙차이 커이 마

B : 저도 고수 먹는 것은 좋아하지 않아요.

我也不怎么喜欢吃香菜。

Wǒ yě bù zěnme xǐhuan chī xiāngcài.

워 이에 뿌 쩐머 시후안 츠 시앙차이

단어

香菜[xiāngcài]
고수

[동사+**起来**]는 '~해보니, …하다'라는 의미로 문장 앞부분에 쓰여 어떤 사물에 대한 추측이나 평가를 할 때 사용을 합니다. 또 다른 의미로는 방향보어로 동작의 방향이 위쪽을 향해 오른다는 의미로 쓰입니다.

복습하기 [패턴 061-070] 음식

★ 061 매운 것 드실 줄 아시나요?
你能吃辣吗?
Nǐ néng chī là de ma?

★ 062 무엇을 드실 건가요?
你们吃点儿什么?
Nǐmen chī diǎnr shénme?

★ 063 어떤 요리를 좋아하시나요?
你喜欢吃什么菜?
Nǐ xǐhuan chī shénme cài?

★ 064 국수 먹는 것을 좋아하시나요?
你喜欢吃面条吗?
Nǐ xǐhuan chī miàntiáo ma?

★ 065 오늘 저녁에 우리 어디로 가서 회식을 할까요?
今天晚上我们去哪儿聚餐?
Jīntiān wǎnshang wǒmen qù nǎr jùcān?

★ 066 중국요리를 좋아하시나요 아니면 한국요리를 좋아하시나요?
你喜欢中国菜还是韩国菜?
Nǐ xǐhuan Zhōngguócài háishi Hánguócài?

★ 067 이곳의 요리가 입맛에 맞으시나요?
这儿的菜合你的胃口吗?
Zhèr de cài hé nǐ de wèikǒu ma?

★ 068 이곳에 어떤 특별 요리가 있나요?
你们这儿有什么特色菜?
Nǐmen zhèr yǒu shénme tèsècài?

★ 069 오늘 집에서 무슨 맛있는 것 해줄 계획이세요?
你今天打算在家做什么好吃的?
Nǐ jīntiān dǎsuan zài jiā zuò shénme hǎochī de?

★ 070 뭐 가리는 음식이 있나요?
你有什么忌口的?
Nǐ yǒu shénme jìkǒu de?

Part 08

부탁/요청

패턴 071

你要留言吗?

Nín yào liúyán ma?
니 이야오 리우이엔 마

'남기실 말씀 있으신가요?'라는 의미입니다.
찾는 사람이 자리에 없을 때 남길 말이 없냐고 물을 때 쓸 수 있는 표현입니다.

不用了。

Búyòng le.
부용 러

없습니다.

不麻烦了。

Bù máfan le.
뿌 마판 러

번거롭게 안 할게요.

麻烦你转告他，明天再来一趟。

Máfan nǐ zhuǎngào tā, míngtiān zài lái yí tàng.
마판 니 쭈안까오 타, 밍티엔 짜이 라이 이 탕

번거롭겠지만 그에게 알려주세요, 내일 다시 온다고.

TIP

趟은 '왕복, 다녀오다'라는 의미입니다. 은행에 한 번 다녀올게, 중국에 한 번 다녀올게 등으로 표현을 합니다.
我想回一趟家。[Wǒ xiǎng huíyítàngjiā.] 저는 집에 한번 가고 싶습니다.

관련표현

☑ 제가 전달해드릴 것이 있나요?

需要帮你转达什么吗?

Xūyào bāng nǐ zhuǎndá shénme ma?

쉬이야오 빵 니 쭈안따 션머 마

☑ 인편에 소식을 전해주세요.

请帮我捎个口信。

Qǐng bāng wǒ shāo ge kǒuxìn.

칭 빵 워 샤오 거 코우신

☑ 제가 이 과장에게 전달할게요.

请帮你我转接一下李科长。

Qǐng bāng nǐ wǒ zhuǎnjiē yíxià Lǐ kēzhǎng.

칭 빵 니 워 쭈안지에 이시아 리 커쟝

☑ 김 비서에게 좀 있다가 저에게 전화하라고 해주세요.

请让金秘书一会儿给我回个电话。

Qǐng ràng Jīn mìshū yíhuìr gěi wǒ huí ge diànhuà.

칭 랑 진 미슈 이후얼 게이 워 후이 거 띠엔화

전달을 부탁하거나 전달을 해달라고 할 때 쓸 수 있는 표현입니다. 转达는 '전달하다'라는 의미인데 한쪽 말을 상대방에게 전달하는 것을 의미합니다. 비슷한 의미로 传达[chuándá]는 주로 위에서 아래로 명령을 전할 때 쓸 수 있습니다.

단어

传达[chuándá] 전하다

秘书[mìshū] 비서

대화문

A : 남기실 말씀이 있으신가요?
您要留言吗?
Nín yào liúyán ma?
닌 이야오 리우이엔 마

B : 네.
是的。
Shì de.
스 더

A : 말씀하세요.
您说。
Nín shuō.
닌 슈어

B : 그에게 오후 5시에 다시 온다고 알려주세요.
请你转告他，下午5点我再来一趟。
Qǐng nǐ zhuǎngào tā, xiàwǔ wǔ diǎn wǒ zài lái yí tàng.
칭 니 쭈안까오 타, 시아우 우 디엔 워 짜이 라이 이 탕

A : 우리 팀장님이 그때도 안 계시면 어떻게 하죠?
我们经理还是不在的话，怎么办?
Wǒmen jīnglǐ háishi bú zài de huà, zěnmebàn?
워먼 징리 하이스 부 짜이 더 화, 쩐머빤

B : 그러면 제가 내일 11시에 다시 온다고 알려주세요.
那就告诉他，我明天11点再来。
Nà jiù gàosu tā, wǒ míngtiān shíyī diǎn zài lái.
나 지우 까우수 타, 워 밍티엔 스이 디엔 짜이 라이

단어

留言[liúyán]
남길 말

捎는 '가는 김에 지니고 가다, 인편에 보내다'라는 의미를 가집니다.

你有零钱吗?

Nǐ yǒu língqián ma?

니 여우 링치엔 마

패턴 072

'잔돈 있나요?'라는 의미입니다.
저렴한 물건을 사고 큰돈을 낼 때 물어볼 수 있는 표현입니다.

有, 你要多少? 있어요, 얼마 원하세요?

Yǒu, nǐ yào duōshao?

여우, 니 이야오 뚜오샤오

怎么办? 不好意思, 我也没有零钱。 어떻게 하죠? 죄송한데, 제가 잔돈이 없네요.

Zěnmebàn, Bùhǎoyìsi, wǒ yě méiyou língqián.

쩐머빤? 뿌하오이쓰, 워 이에 메이여우 링치엔

你要零钱干吗? 잔돈으로 뭐하시게요?

Nǐ yào língqián gàn ma?

니 이야오 링치엔 깐 마

TIP

零钱은 '잔돈'이라는 의미입니다. 零花钱[línghuāqián]과 零用钱[língyòngqián] 은 '용돈'이라는 의미를 가집니다.

관련표현

☑ 100원을 잔돈으로 바꿔줄 수 있나요?

可以帮我破一下这张100吗?

Kěyǐ bāng wǒ pò yíxià zhè zhāng yì bǎi ma?

커이 빵 워 포어 이시아 쩌 쟝 이 바이 마

☑ 잔돈으로 바꿔줄 수 있나요?

可以帮我换一下小钱吗?

Kěyǐ bāng wǒ huàn yíxià xiǎo qián ma?

커이 빵 워 후안 이시아 시아오 치엔 마

☑ 동전 있어요?

你有硬币吗?

Nǐ yǒu yìngbì ma?

니 여우 잉삐 마

☑ 1원짜리 몇 장 빌려줄 수 있나요?

可以借我几张1元钱吗?

Kěyǐ jiè wǒ jǐ zhāng yì yuán qián ma?

커이 지에 워 지 쟝 이 위엔 치엔 마

단어

硬币[yìngbì] 동전

借[jiè] 빌리다

잔돈을 바꿀 때 쓸 수 있는 표현으로, 破는 '깨트리다'라는 의미입니다. 换一下에서 [동사+一下]는 '좀 ~동사하다'라는 의미를 가집니다.

대화문

A : 잔돈 있어요?
你有零钱吗?
Nǐ yǒu língqián ma?
니 여우 링치엔 마

B : 있어요, 얼마 원하세요?
有，要多少？
Yǒu, yào duōshao?
여우, 이야오 뚜어샤오

A : 천원이면 돼요. 내일 돌려줄게요.
1千块就行，明天还你。
Yì qiān kuài jiù xíng, míngtiān huán nǐ.
이 치엔 쿠와이 지우 싱, 밍티엔 후안 니

B : 안 돌려줘도 돼요. 겨우 그것 가지고.
不用还，小意思。
Búyòng huán, xiǎo yìsi.
부용 후안, 시아오 이쓰

A : 그러면 다음에 제가 커피 사드릴게요.
那我下次请你喝咖啡。
Nà wǒ xiàcì qǐng nǐ hē kāfēi.
나 워 시아츠 칭 니 흐어 카페이

B : 친구 사이에 무슨...
朋友之间，还那么客气。
Péngyou zhī jiān, hái nàme kèqi.
펑여우 즈 지엔, 하이 나머 커치

단어

零钱[língqián]
잔돈

还는 두 가지의 발음을 가지고 있습니다. [hái]로 발음을 할 때는 '여전히, 아직도, 아직'이라는 의미를 가지고 동작이나 상태가 그대로 유지되어 지속됨을 나타냅니다. [huán]로 발음할 때는 '반환하다, 돌려주다'라는 의미를 가집니다.

패턴 073

你知道怎么走吗?

Nǐ zhīdào zěnme zǒu ma?

니 즈따오 쩐머 쪼우 마

'어떻게 가는지 아시나요?'라는 의미입니다.
어떻게 가는지 물어볼 때 쓸 수 있는 표현입니다.

知道, 我上网查过地图了。
알아요. 인터넷에서 지도를 찾아봤어요.
Zhīdào, wǒ shàngwǎng cháguo dìtú le.
즈따오, 워 샹왕 차구어 띠투 러

不知道, 你告诉我怎么走吧。
모르겠어요. 어떻게 가는지 알려주세요.
Bù zhīdào, nǐ gàosu wǒ zěnme zǒu ba.
뿌 즈따오, 니 까우수 워 쩐머 쪼우 바

不清楚, 麻烦你带我去好吗?
잘 모르겠어요. 번거롭겠지만 저 데리고 갈 수 있나요?
Bù qīngchu, máfan nǐ dài wǒ qù hǎo ma?
뿌 칭추, 마판 니 따이 워 취 하오 마

TIP

上网은 동사로 '인터넷을 하다'라는 의미이며, 网上은 명사로 '인터넷, 온라인'이라는 의미입니다.

관련표현

☑ 죄송한데 이곳은 어떻게 가야 하나요?

请问，这里要怎么走？

Qǐngwèn, zhèli yào zěnme zǒu?

칭원 쩌리 이야오 쩐머 쪼우

☑ 이곳으로 가는 길 아세요?

去这里的路你知道吗？

Qù zhèli de lù nǐ zhīdào ma?

취 쩌리 더 루 니 즈따오 마

☑ 버스를 타면 바로 도착합니다.

坐公交车就能直达。

Zuò gōngjiāochē jiù néng zhídá

쭈어 꽁지아오처 지우 넝 즈다

☑ 갈아타야 합니다.

需要换乘一下。

Xūyào huànchéng yíxià.

쉬이야오 후안청 이시아

단어

直达[zhídá] 직통하다, 바로 도착하다

换乘[huànchéng] 갈아타다

길을 물어보고 답하는 표현입니다. 请问은 궁금한 것에 대해 물어보고자 할 때 쓸 수 있는 표현으로, 请은 영어로 please라는 의미를 가집니다.

대화문

A : 어떻게 가는지 알아요?

你知道怎么走吗?

Nǐ zhīdào zěnme zǒu ma?

니 즈따오 쩐머 쪼우 마

B : 몰라요.

不知道。

Bù zhīdào.

뿌 즈따오

A : 그러면 출발 전에 우선 인터넷으로 지도를 검색해요.

那你出发前先上网查一下地图。

Nà nǐ chūfā qián xiān shàngwǎng chá yíxià dìtú.

나 니 추파 치엔 시엔 샹왕 차 이시아 띠투

B : 노선을 찾았어요.

我找到路线了。

Wǒ zhǎodào lùxiàn le.

워 짜오따오 루시엔 러

A : 어떻게 갈 건데요?

打算怎么来?

Dǎsuan zěnme lái?

따수안 쩐머 라이

B : 금정역에 내려서 4호선으로 갈아타면 바로 도착할 수 있어요.

在衿井站下车换4号线就能到。

Zài Jīnjǐngzhàn xiàchē huàn sì hàoxiàn jiù néng dào.

짜이 진징짠 시아처 후안 쓰 하오시엔 지우 넝 따오

단어

出发[chūfā] 출발

上网 [shàngwǎng] 인터넷을 하다

[동사+到]로 쓰여 到는 결과보어의 역할을 하고, 동사의 보어로 쓰여서 동작이 목적에 도달했거나 성취했음을 나타냅니다.

电影票买到了。 영화표를 사는 과정을 완료했다는 의미

你明天有时间吗?

패턴 074

Nǐ míngtiān yǒu shíjiān ma?

니 밍티엔 여우 스지엔 마

'내일 시간 있나요?'라는 의미입니다.
시간이 있는지 물을 때 쓸 수 있는 표현입니다.

有, 你需要我做什么? 있어요. 제가 뭘 해드려야 해요?

Yǒu, nǐ xūyào wǒ zuò shénme?

여우, 니 쉬이야오 워 쭈어 션머

没有, 我明天得出外勤。 없어요. 내일 외근 나가야 돼요.

Méiyou, wǒ míngtiān děi chū wàiqín.

메이여우, 워 밍티엔 데이 추 와이친

有是有, 但是上午不行。 있긴 있는데, 오전은 안 돼요.

Yǒu shì yǒu, dànshì shàngwǔ bù xíng.

여우 스 여우, 딴스 샹우 뿌 싱

TIP

需要는 동사와 명사로 쓰이며, '필요하다, 요구'라는 뜻으로 어떤 일을 할 필요가 있어서 해야 한다는 의미입니다. 想要[xiǎngyào]는 어떤 일을 하고 싶다는 의미이지, 꼭 해야 한다거나 필요하다는 의미는 아닙니다.

관련표현

☑ 내일 시간 있어요?

你明天有空吗?

Nǐ míngtiān yǒu kōng ma?

니 밍티엔 여우 콩 마

☑ 내일 당신과 약속할 수 있을까요?

明天可以约你吗?

Míngtiān kěyǐ yuē nǐ ma?

밍티엔 커이 위에 니 마

☑ 내일 야근해야 돼요.

明天要加班。

Míngtiān yào jiābān.

밍티엔 이야오 지아빤

☑ 내일 마침 제가 쉬어요.

明天正好我休息。

Míngtiān zhènghǎo wǒ xiūxi.

밍티엔 쩡하오 워 시우시

약속을 할 때 쓸 수 있는 표현으로 약속하거나 거절할 때 쓸 수 있습니다. 约는 동사와 명사로 쓰여서, '약속하다, 약속'이라는 의미를 가집니다.

단어

约[yuē] 약속하다

대화문

A : 내일 시간 있나요?

你明天有时间吗?

Nǐ míngtiān yǒu shíjiān ma?

니 밍티엔 여우 스지엔 마

B : 있어요. 무슨 일인데요?

有，什么事儿?

Yǒu, shénme shìr?

여우, 션머 셜

A : 강아지 좀 봐줄 수 있나요?

你能不能帮我照看一下小狗?

Nǐ néngbunéng bāng wǒ zhàokàn yíxià xiǎogǒu?

니 넝뿌넝 빵 워 짜오칸 이시아 시아오꼬우

B : 왜 돌보지 못하나요?

你为什么不照顾?

Nǐ wèishénme bú zhàogù?

니 웨이션머 부 짜오꾸

A : 내일 일이 있어서 나가야 돼서요, 집에 없어요.

我明天有事儿出去，不在家。

Wǒ míngtiān yǒu shìr chūqù, bú zài jiā.

워 밍티엔 여우 셜 추취, 부 짜이 지아

B : 제가 하루 봐드릴게요. 그 이상은 안 돼요.

就帮你照看一天，多了不行。

Jiù bāng nǐ zhàokàn yì tiān, duō le bù xíng.

지우 빵 니 짜오칸 이 티엔, 뚜어 러 뿌 싱

단어

小狗[xiǎogǒu]
강아지

照顾[zhàogù]
돌보다

正好는 부사로 '마침, 딱'이라는 의미를 가지고, 형용사로 '알맞다, 꼭 맞다'라는 의미를 가집니다. 시간 수량, 정도 등이 알맞고 적당할 때 사용을 합니다.

패턴
075

请再说一遍，好吗?

Qǐng zài shuō yí biàn, hǎo ma?
칭 짜이 슈어 이 비엔, 하오 마

'다시 한번 말씀해주시겠어요?'라는 의미입니다.
상대방이 한 말을 잘 듣지 못했거나 이해하지 못했을 때 쓸 수 있는 표현입니다.

好, 我再说一遍。

네, 다시 한번 말씀드릴게요.

Hǎo, wǒ zài shuō yí biàn.
하오, 워 짜이 슈어 이 비엔

好, 我再慢点儿说一遍。

네, 제가 천천히 말할게요.

Hǎo, zhècì wǒ zài màn diǎnr shuō yí biàn.
하오, 쩌츠 워 짜이 만 디얼 슈어 이 비엔

好, 这次我说时, 你最好记下来吧。

네, 이번에 제가 말할 때, 적는 것이 가장 좋습니다.

Hǎo, zhècì wǒ shuō shí, nǐ zuìhǎo jì xiàlái ba.
하오, 쩌츠 워 슈어 스, 니 쭈이하오 지 시아라이 바

TIP

遍은 동작이 처음부터 끝까지의 전 과정을 강조하는 것인데, 내용이 반복되는 것을 의미하기도 합니다.
这个电影我看过两遍。 이 영화는 내가 두 번 봤다.
[Zhège diànyǐng wǒ kànguò liǎngbiàn.]

관련표현

☑ 번거롭겠지만 다시 한번 반복해줄 수 있나요?

能麻烦你再重复一遍吗?

Néng máfan nǐ zài chóngfù yí biàn ma?

넝 마판 니 짜이 총푸 이 비엔 마

☑ 방금 못 알아들었어요. 다시 한번 말해주실 수 있나요?

刚才没听清，可以再讲一次吗?

Gāngcái méi tīng qīng, kěyǐ zài jiǎng yícì ma?

깡차이 메이 팅 칭, 커이 짜이 지앙 이츠 마

☑ 재차 강조해서 한번 말할게요.

再次强调一遍。

Zàicì qiángdiào yí biàn.

짜이츠 치앙띠아오 이 비엔

☑ 또한 이해 안 되는 것이 있으면 바로 말씀하세요.

还有不懂的请及时说。

Háiyǒu bù dǒng de qǐng jíshí shuō.

하이여우 뿌 똥 더 칭 지스 슈어

단어

重复[chóngfù]
반복하다

强调[qiángdiào]
강조하다

及时[jíshí] 바로

다시 한번 말해달라고 할 때 쓸 수 있는 표현입니다. 麻烦은 '번거롭다'라는 의미를 가지는데 어떤 부탁을 할 때 문장의 앞에 위치하여 정중하게 표현하는 방법입니다.

대화문

A: 다시 한번 말씀해주시겠어요?

请再说一遍，好吗?

Qǐng zài shuō yí biàn, hǎo ma?

칭 짜이 슈어 이 비엔, 하오 마

B: 발음에 주의해서 선생님 따라서 2번 읽어봐요.

注意发音，再跟老师读两遍。

Zhùyì fāyīn, zài gēn lǎoshī dú liǎng biàn.

쭈이 파인, 짜이 껀 라오스 두 리앙 비엔

A: 이 문장은 너무 어려워요.

这个句子好难。

Zhège jùzi hǎo nán.

쩌거 쥐즈 하오 난

B: 문장이 긴데, 이곳에서 잠깐 멈췄다 하면 돼요.

句子长，可以在这儿停顿一下。

Jùzi cháng, kěyǐ zài zhèr tíngdùn yíxià.

쥐즈 창, 커이 짜이 쩔 팅뚠 이시아

A: 선생님, 이 발음 정확한가요?

老师，这次发音准不准?

Lǎoshī, zhècì fāyīn zhǔnbuzhǔn?

라오스, 쩌츠 파인 준뿌준

B: 매우 정확하네요.

非常准。

Fēicháng zhǔn.

페이창 준

단어

发音[fāyīn] 발음

停顿[tíngdùn] 잠시 쉬다(멈추다)

重复는 부사어로 쓰일 때 원래의 모습에 근거하여 다시 한번 혹은 여러 번 하는 것을 의미하고, 매번 하는 것이 동일합니다. 서술어로 쓰일 때 뒤에 목적어 혹은 보어로 쓰일 수 있습니다.

请帮我照一张, 好吗?

Qǐng bāng wǒ zhào yì zhāng, hǎo ma?

칭 빵 워 짜오 이 장, 하오 마

패턴 076

'사진 한 장 찍어주시겠어요?'라는 의미입니다.
누군가에게 사진을 찍어달라고 할 때 쓸 수 있는 표현입니다.

没问题。 문제없습니다.

Méi wèntí.

메이 원티

我要照了, 一、二、三, 茄子! 찍습니다. 1, 2, 3 치에즈!

Wǒ yào zhào le, yī, èr, sān, qiézi!

워 이야오 짜오 러, 이, 얼, 싼, 치에즈

好, 您希望人照得大一点儿吗? 네, 사람을 좀 크게 할까요?

Hǎo, nín xīwàng rén zhào de dà yìdiǎnr ma?

하오, 닌 시왕 런 짜오 더 따 이디얼 마

TIP

请帮我는 누군가에게 도움을 받고자 할 때, 도움을 요청할 때 쓸 수 있는 표현입니다. 请은 상대방에게 정중하게 말할 때 쓰면 말로 영어의 Please로 이해하면 됩니다.

관련표현

☑ 사진을 찍어주세요.

麻烦您帮我照张照片。

Máfan nín bāng wǒ zhào zhāng zhàopiàn.

마판 닌 빵 워 짜오 쟝 짜오피엔

☑ 사진 좀 찍어주시겠어요?

可以帮我拍一张照片吗?

Kěyǐ bāng wǒ pāi yì zhāng zhàopiàn ma?

커이 빵 워 파이 이 쟝 짜오피엔 마

☑ 123, 치에즈!

123，茄子！

Yī èr sān, qiézi!

이얼싼, 치에즈

☑ 이걸 누르면 찍히나요?

是按这个就可以拍吗?

Shì àn zhège jiù kěyǐ pāi ma?

스 안 쩌거 지우 커이 파이 마

사진을 찍어달라고 말할 때 쓸 수 있는 표현입니다. 张은 종이처럼 평평하고 접을 수 있거나 펼칠 수 있는 물건을 셀 때 쓸 수 있는 양사입니다. 넓고 평평한 사물인 침대, 테이블을 셀 때도 쓸 수 있습니다.

단어

茄子[qiézi] 가지

按[àn] 누르다

대화문

A : 사진 좀 찍어주시겠어요?

请帮我照一张，好吗?

Qǐng bāng wǒ zhào yì zhāng, hǎo ma?

칭 빵 워 짜오 이 장, 하오 마

B : 네, 사람을 크게 할까요?

好，您希望人照得大一点儿?

Hǎo, nín xīwàng rén zhào de dà yìdiǎnr?

하오, 닌 시왕 런 짜오 더 따 이디얼

A : 배경을 크게 해주세요.

我希望背景大一点儿。

Wǒ xīwàng bèijǐng dà yìdiǎnr.

워 시왕 뻬이징 따 이디얼

B : 네, 왼쪽으로 가주세요. 좀 더 왼쪽으로요.

好，您往左边站，再往左点儿。

Hǎo, nín wǎng zuǒbian zhàn, zài wǎng zuǒ diǎnr.

하오, 닌 왕 쭈어비엔 짠, 짜이 왕 쭈어 디얼

A : 여기요?

这儿?

Zhèr?

쩔

B : 딱 좋아요, 찍습니다. 1, 2, 3, 치에즈!

正好，照啦，一、二、三，茄子!

Zhènghǎo, zhào la, yī, èr, sān, qiézi!

쩡하오, 짜오 라, 이, 얼, 싼, 치에즈

단어

往[wǎng]
~쪽으로

左边[zuǒbian]
왼쪽

(一)点儿은 보어로 [형용사 + (一)点儿]의 형식입니다.
请说得慢一点儿。좀 천천히 말해주세요.
[Qǐng shuō de màn yīdiǎnr.]

패턴 077

你能跟我换一下座位吗?

Nǐ néng gēn wǒ huàn yíxià zuòwèi ma?

니 넝 껀 워 후안 이시아 쭈어웨이 마

'저와 자리를 바꿀 수 있나요?'라는 의미입니다.
상대방과 자리를 바꾸고 싶을 때 쓸 수 있는 표현입니다.

请问您的座位在哪儿? 당신 자리는 어디시죠?

Qǐngwèn nín de zuòwèi zài nǎr?

칭원 닌 더 쭈어웨이 짜이 날

可以,不过我能问一下理由吗? 가능해요. 그런데 이유를 물어도 될까요?

Kěyǐ, búguò wǒ néng wèn yíxià lǐyóu ma?

커이, 부꾸어 워 넝 원 이시아 리여우 마

不好意思!我不想和家人分开坐。 죄송합니다! 가족들과 같이 와서 따로 앉고 싶지 않네요.

Bùhǎoyìsi! Wǒ bù xiǎng hé jiārén fēnkāi zuò.

뿌하오이쓰! 워 뿌 시앙 흐어 지아런 펀카이 쭈어

TIP

[동사+一下]는 '좀 동사하다'라는 의미로 어떤 동작이 가볍게 행해지거나 혹은 제안할 때 표현할 수 있습니다.

관련표현

☑ 죄송한데, 자리를 옮길 수 있을까요?

不好意思，可以调一下座位吗?

Bùhǎoyìsi, kěyǐ tiáo yíxià zuòwèi ma?

뿌하오이쓰, 커이 티아오 이시아 쭈어웨이 마

☑ 우리 자리를 좀 바꿔요.

我们对换一下座位吧。

Wǒmen duìhuàn yíxià zuòwèi ba.

워먼 뚜이후안 이시아 쭈어웨이 바

☑ 저 다음 역에서 내려요, 앉으세요.

我下一站就下车了，您坐吧。

Wǒ xià yí zhàn jiù xiàchē le, nín zuò ba.

워 시아 이 짠 지우 시아처 러, 닌 쭈어 바

☑ 임산부에게 앉게 해요.

给这位孕妇让个坐吧。

Gěi zhè wèi yùnfù ràng ge zuò ba.

게이 쩌 웨이 윈푸 랑 거 쭈어 바

단어

座位[zuòwèi]
자리

孕妇[yùnfù]
임산부

자리와 관련된 표현으로 자리를 바꿔달라고 할 때나 자리를 양보할 때 쓸 수 있는 표현을 익혀봅시다. 调는 두 가지의 발음이 있는데 [tiáo]로 쓰일 경우 '조정하다, 조절하다'라는 의미로 쓰이며 [diào]로 쓰일 경우 '옮기다, 조사하다'라는 의미를 가집니다.

대화문

A : 저랑 자리를 바꿀 수 있나요?

你能跟我换一下座位吗?

Nǐ néng gēn wǒ huàn yíxià zuòwèi ma?

니 넝 껀 워 후안 이시아 쭈어웨이 마

B : 자리가 어디신데요?

你的座位在哪儿?

Nǐ de zuòwèi zài nǎr?

니 더 쭈어웨이 짜이 날

A : 앞쪽, 12F입니다.

前面，12F。

Qiánmiàn, shíèr F.

치엔미엔, 스얼 에프

B : 가능해요.

可以。

Kěyǐ.

커이

A : 감사합니다! 옆쪽의 분이 저희 어머니입니다.

谢谢你！你旁边这个人是我妈妈。

Xièxie nǐ! Nǐ pángbiān zhège rén shì wǒ māma.

씨에시에 니! 니 팡비엔 쩌거 런 스 워 마마

B : 원래 모녀지간이었군요, 닮았어요.

原来是母女俩啊，长得像。

Yuánlái shì mǔnǚ liǎ a, zhǎngde xiàng.

위엔라이 스 무뉘 리아 아, 쟝 더 시앙

단어

前面[qiánmiàn]
앞쪽

长得는 '하게 생기다, 생긴 것이 ~하다'라는 의미를 가집니다.
长得很帅。[Zhǎng de hěn shuài.] 잘생겼습니다.

想要什么样的房间?

Xiǎngyào shénmeyàng de fángjiān?
시앙이야오 션머이양 더 팡지엔

패턴 078

'원하시는 방이 있나요?'라는 의미입니다.
호텔에는 여러 종류의 방이 있는데 원하는 방이 있는지 물어볼 때 쓸 수 있는 표현입니다.

我要单人间。

Wǒ yào dānrénjiān.
워 이야오 딴런지엔

저는 싱글룸을 원해요.

我要标准间。

Wǒ yào biāozhǔnjiān.
워 이야오 삐아오준지엔

저는 일반룸을 원합니다.

我要套间。

Wǒ yào tàojiān.
워 이야오 타오지엔

저는 스위트룸을 원합니다.

TIP

想要는 어떤 일을 하고 싶어 한다는 의미입니다. 要는 어떤 일을 '해야 한다'라는 의미로 가집니다.
我要吃饭。[Wǒ yào chīfàn.] 밥을 먹어야 한다.
我想要吃饭。[Wǒ xiǎng yào chīfàn.] 밥을 먹고 싶다.

관련표현

☑ 싱글룸을 주세요.

请给我一个单人间。

Qǐng gěi wǒ yí ge dānrénjiān.

칭 게이 워 이 거 딴런지엔

☑ 더블룸을 주세요.

请给我一个双人间。

Qǐng gěi wǒ yí ge shuāngrénjiān.

칭 게이 워 이 거 슈앙런지엔

☑ 스위트룸을 주세요.

请给我一个套房。

Qǐng gěi wǒ yí ge tàofáng.

칭 게이 워 이 거 타오팡

☑ 바다가 보이는 방을 주세요.

请给我一个朝大海的房间。

Qǐng gěi wǒ yí ge cháo dàhǎi de fángjiān.

칭 게이 워 이 거 차오 따하이 더 팡지엔

단어

单人间 [dānrénjiān] 싱글룸

双人间 [shuāngrénjiān] 더블룸

套房[tàofáng] 스위트룸

호텔에서 룸을 선택할 때 쓸 수 있는 표현입니다. 여러 가지 룸에 대한 표현을 익힐 수 있습니다.

대화문

A : 어떤 방을 원하시나요?

想要什么样的房间?

Xiǎngyào shénmeyàng de fángjiān?

시앙이야오 션머이양 더 팡지엔

B : 일반룸이요.

标准间。

Biāozhǔnjiān.

삐아오준지엔

A : 확인해볼게요. 죄송한데, 일반룸이 없네요.

我查一下。对不起，没有标准间。

Wǒ chá yíxià. Duìbuqǐ, méiyou biāozhǔnjiān.

워 차 이시아. 뚜이부치, 메이여우 삐아오준지엔

B : 그럼 어떤 방이 있나요?

那有什么房间?

Nà yǒu shénme fángjiān?

나 여우 션머 팡지엔

A : 싱글룸이 있는데 원하시나요?

有单人间，您要吗?

Yǒu dānrénjiān, nín yào ma?

여우 딴런지엔, 닌 이야오 마

B : 그럼 할 수 없이 싱글룸을 해야겠네요.

那就只好单人间了。

Nà jiù zhǐhǎo dānrénjiān le.

나 지우 즈하오 딴런지엔 러

단어

只好[zhǐhǎo]
부득이, 할 수 없이

只好는 부사로 '부득이, 어쩔 수 없이, ~할 수 밖에 없다'라는 의미를 가집니다. 다른 선택을 할 방법이 없음을 표현합니다.

패턴
079

你可以帮我的忙吗?

Nǐ kěyǐ bāng wǒ de máng ma?
니 커이 빵 워 더 망 마

'저를 도와줄 수 있나요?'라는 의미를 가집니다.
누군가에게 도움을 받고 싶을 때 쓸 수 있는 표현입니다.

没问题，你说。

문제없습니다. 말씀하세요.

Méi wèntí, nǐ shuō.
메이 원티, 니 슈어

不好意思，我现在很忙。

죄송한데, 제가 지금 바빠요.

Bùhǎoyìsi, wǒ xiànzài hěn máng.
뿌하오이쓰, 워 시엔짜이 헌 망

好的，不过可以等我5分钟吗？

네, 그런데 5분만 기다리시겠어요?

Hǎo de, búguò kěyǐ děng wǒ wǔ fēnzhōng ma?
하오 더, 부꾸어 커이 떵 워 우 펀쭝 마

TIP

帮忙은 동사로 '돕다'입니다. 비슷한 의미인 帮助도 동사와 명사로 사용합니다. 동사일 때 帮忙과 帮助의 가장 큰 차이점은 帮忙이 목적어를 가질 수 없는 이합동사라는 것입니다. 그러므로 帮我的忙으로 표현합니다.

관련표현

☑ 제가 부탁 좀 드려도 될까요?

可以打扰你一下吗?

Kěyǐ dǎrǎo nǐ yíxià ma?

커이 따라오 니 이시아 마

☑ 걱정하지 마세요. 제가 도와드릴게요.

别担心，我来帮你。

Bié dānxīn, wǒ lái bāng nǐ.

비에 딴신, 워 라이 빵 니

☑ 아닙니다. 서로 돕는 거죠.

别客气，互相帮助嘛。

Bié kèqi, hùxiāng bāngzhù ma.

비에 커치, 후시앙 빵쭈 마

☑ 일이 있으면 우선 스스로 방법을 생각하고, 늘 상대방에게 기대하지 마세요.

有事情先自己想办法，不要总是指望别人。

Yǒu shìqíng xiān zìjǐ xiǎng bànfǎ, búyào zǒngshì zhǐwàng biérén.

여우 스칭 시엔 쯔지 시앙 빤파, 부이야오 쫑스 즈왕 비에런

단어

打扰[dǎrǎo] 방해하다, 폐를 끼치다

担心[dānxīn] 걱정하다

帮助[bāngzhù] 돕다

办法[bànfǎ] 방법

指望[zhǐwàng] 기대하다, 바라다

상대방에게 부탁을 하거나 도움을 줄려고 할 때 쓸 수 있는 표현입니다. 总是는 '늘'이라는 의미를 가지며 어떤 동작이나 상태가 여러 차례 발생하며, 상황이나 상태에 변화가 없음을 나타냅니다.

대화문

A : 저 좀 도와줄 수 있나요?

你可以帮我的忙吗?

Nǐ kěyǐ bāng wǒ de máng ma?

니 커이 빵 워 더 망 마

B : 그런데 이거 다 끝낼 때까지 기다려줄 수 있나요?

不过可以等我把这个弄完吗?

Búguò kěyǐ děng wǒ bǎ zhège nòngwán ma?

부꾸어 커이 떵 워 바 쩌거 농완 마

A : 네, 감사합니다. 일 보세요.

好的，谢谢你，你先忙。

Hǎo de, xièxie nǐ, nǐ xiān máng.

하오 더, 씨에시에 니, 니 시엔 망

B : 일 다 끝났어요. 무슨 일이죠?

我忙完了，怎么啦?

Wǒ mángwán le, zěnme la?

워 망완 러, 쩐머 라

A : 컴퓨터가 다운된 것 같아요. 뭘 눌러도 움직이지 않네요.

电脑好像死机了，怎么按都不动。

Diànnǎo hǎoxiàng sǐjī le, zěnme àn dōu bú dòng.

띠엔나오 하오시앙 쓰지 러, 쩐머 안 또우 부 똥

B : 제가 좀 볼게요.

我来看看。

Wǒ lái kànkan.

워 라이 칸칸

단어

死机[sǐjī]
다운되다

办法는 대부분 구체적인 일을 채택하는 수단입니다. 想, 有, 没有, 用, 采用, 好, 老 등의 어휘와 쓰입니다. (一)点儿, 个의 수식을 받을 수도 있습니다.

能通融一下吗?

Néng tōngróng yíxià ma?

넝 통롱 이시아 마

패턴 080

'좀 봐주시면 안 돼요?'라는 의미를 가집니다.
안되는 일에 대해 부탁을 할 때 쓸 수 있는 표현입니다.

不好意思，不可以。

죄송합니다, 안 됩니다.

Bùhǎoyìsi, bù kěyǐ.
뿌하오이쓰, 뿌 커이

我们也是按规章办事，请别难为我了。

저희도 규정에 의해 일합니다. 저희를 곤란하게 하지 마세요.

Wǒmen yěshì àn guīzhāng bànshì, qǐng bié nánwéi wǒ le.
워먼 이에스 안 꾸이쟝 빤스, 칭 비에 난웨이 워 러

那就这一次。

그러면 이번만요.

Nà jiù zhè yícì.
나 지우 쩌 이츠

TIP

通融은 '융통성을 발휘하다'라는 의미를 가집니다. 한국어로 통용이 바뀐 단어로 안 되는 일에 융통성을 발휘해달라고 하면서 부탁할 때 쓸 수 있는 표현입니다.

관련표현

☑ 이번에 봐주시면 안될까요?

这次能放我一马吗?

Zhècì néng fàng wǒ yì mǎ ma?

쩌츠 넝 팡 워 이 마 마

☑ 이번만 용서해주시길 부탁드립니다.

拜托您这次高抬贵手。

Bàituō nín zhècì gāotáiguìshǒu .

빠이투어 닌 쩌츠 까오타이꾸이쇼우

☑ 정당하지 못한 방법을 생각하지 마세요.

不要想这些歪门邪道。

Búyào xiǎng zhèxiē wāiménxiédào.

부이야오 시앙 쩌시에 와이먼시에따오

☑ 이것은 처음이자 마지막입니다.

这是第一次也是最后一次。

Zhè shì dìyīcì yěshì zuìhòu yícì.

쩌 스 띠이츠 이에스 쭈이호우 이츠

단어

拜托[bàituō]
부탁하다

高抬贵手
[gāotáiguìshǒu]
용서해주세요

歪门邪道
[wāiménxiédào]
정당하지 못한 수단

어떤 일에 대해서 부탁을 하거나 부탁을 들어줄 때 쓸 수 있는 표현입니다. 高抬贵手는 '귀한 손을 높이 들다, 관대히 봐주다'라는 의미입니다. 누군가에게 용서를 바랄 때 쓸 수 있는 표현입니다.

대화문

A : 이미 문 닫았죠?

已经关门了吗？

Yǐjīng guānmén le ma?

이징 꾸안먼 러 마

B : 네. 이미 시작했어요.

是呀。已经开始了。

Shì ya. Yǐjīng kāishǐ le.

스 아. 이징 카이스 러

A : 한번만 봐주시면 안될까요?

能通融一下吗？

Néng tōngróng yíxià ma?

넝 통롱 이시아 마

B : 이것은 저희가 결정할 수 있는 것이 아닙니다.

这个我不能做主的。

Zhège wǒ bùnéng zuòzhǔ de.

쩌거 워 뿌넝 쭈어쭈 더

A : 부탁드릴게요. 저희가 특별히 온 거예요.

求求你了，我们特地赶过来的。

Qiúqiu nǐ le, wǒmen tèdì gǎn guòlái de.

치우치우 니 러, 워먼 트어띠 간 꾸어라이 더

B : 알겠습니다. 다음에 주의하세요.

好吧，下次注意哦。

Hǎo ba, xiàcì zhùyì ò.

하오 바, 시아츠 쭈이 오

단어

关门[guānmén]
문을 닫다

做主[zuòzhǔ]
책임지고 결정하다

注意[zhùyì]와 **主意**[zhǔyì]는 글자도 비슷해서 헷갈리는 단어입니다. 또 한 발음은 같지만 성조가 다르기 때문에 발음을 할 때 주의해야 합니다. **主意**[zhǔyì]는 '생각, 아이디어'라는 의미입니다.

복습하기 [패턴 071-080] 부탁/요청

★ 071 남기실 말씀 있으신가요?

你要留言吗?

Nín yào liúyán ma?

★ 072 잔돈 있나요?

你有零钱吗?

Nǐ yǒu língqián ma?

★ 073 어떻게 가는지 아시나요?

你知道怎么走吗?

Nǐ zhīdào zěnme zǒu ma?

★ 074 내일 시간 있나요?

你明天有时间吗?

Nǐ míngtiān yǒu shíjiān ma?

★ 075 다시 한번 말씀해주시겠어요?

请再说一遍，好吗?

Qǐng zài shuō yí biàn, hǎo ma?

★ 076 사진 한 장 찍어 주시겠어요?

请帮我照一张，好吗?

Qǐng bāng wǒ zhào yì zhāng, hǎo ma?

★ 077 저와 자리를 바꿀 수 있나요?

你能跟我换一下座位吗?

Nǐ néng gēn wǒ huàn yíxià zuòwèi ma?

★ 078 원하시는 방이 있나요?

想要什么样的房间?

Xiǎngyào shénmeyàng de fángjiān?

★ 079 저를 도와줄 수 있나요?

你可以帮我的忙吗?

Nǐ kěyǐ bāng wǒ de máng ma?

★ 080 좀 봐주시면 안 돼요?

能通融一下吗?

Néng tōngróng yíxià ma?

Part 09

직장

패턴
081

你负责什么?

Nǐ fùzé shénme?

니 푸저 션머

'어떤 업무를 보시나요?'라는 의미입니다.
직장에서 어떤 업무를 보는지 물어볼 때 쓸 수 있는 표현입니다.

我负责市场销售。

Wǒ fùzé shìchǎng xiāoshòu.

워 푸저 스창 시아오쇼우

저는 마케팅 업무를 하고 있습니다.

我主要负责海外市场销售。

Wǒ zhǔyào fùzé hǎiwài shìchǎng xiāoshòu.

워 주이야오 푸저 하이와이 스창 시아오쇼우

저는 주로 해외 마케팅 업무를 합니다.

我是普通员工，不是主管。

Wǒ shì pǔtōng yuángōng, búshì zhǔguǎn.

워 스 푸통 위엔꽁, 부스 주구안

저는 사원이고, 담당이 아닙니다.

TIP

负责는 동사와 형용사로 쓰이며, '책임지다'라는 의미를 가집니다.
负责 뒤에는 담당해야 하는 역할이 위치하여 '~에 대해 책임을 지다, ~에 대해 담당하다'라는 의미를 가집니다.

관련표현

☑ 당신은 무엇을 담당하시나요?

你主管什么?

Nǐ zhǔguǎn shénme?

니 주구안 션머

☑ 저는 기술을 담당합니다.

我负责技术部分。

Wǒ fùzé jìshù bùfen.

워 푸저 지슈 뿌펀

☑ 저는 총무 업무를 담당합니다.

我负责后勤工作。

Wǒ fùzé hòuqín gōngzuò.

워 푸저 호우친 꽁쭈어

☑ 저는 마케팅을 담당합니다.

我主管市场部门。

Wǒ zhǔguǎn shìchǎng bùmén.

워 주구안 스창 뿌먼

단어

负责[fùzé]
담당하다

技术[jìshù] 기술

后勤[hòuqín]
총무(지원)

市场销售
[shìchǎng xiāoshòu] 마케팅

어떤 업무를 담당하는지 묻고 답할 때 쓸 수 있는 표현입니다. **主管**과 **负责**를 사용하여 표현할 수 있습니다.

대화문

A : 당신은 무엇을 담당하나요?

你负责什么?

Nǐ fùzé shénme?

니 푸저 션머

B : 저는 마케팅을 담당합니다.

我负责市场销售。

Wǒ fùzé shìchǎng xiāoshòu.

워 푸저 스창 시아오쇼우

A : 일을 하신 지 얼마나 되셨어요?

这个工作做了多长时间了?

Zhège gōngzuò zuò le duō cháng shíjiān le?

쩌거 꽁쭈어 쭈어 러 뚜어 창 스지엔 러

B : 대략 5년이요.

大概5年了。

Dàgài wǔ nián le.

따까이 우 니엔 러

A : 이 일을 좋아하시나요?

喜欢这份工作吗?

Xǐhuan zhè fèn gōngzuò ma?

시후안 쩌 펀 꽁쭈어 마

B : 처음에는 좋아하지 않았는데, 지금은 좋아합니다.

开始不太喜欢，现在喜欢。

Kāishǐ bútài xǐhuan, xiànzài xǐhuan.

카이스 부타이 시후안, 시엔짜이 시후안

단어

大概[dàgài] 대략

여러 가지 부서들이 있습니다.

营业部[yíngyèbù] 영업부 / 人事部[rénshìbù] 인사부 / 财会部[cáikuàibù] 재무부 / 研发部[yánfābù] 연구개발부

你做什么工作?

Nǐ zuò shénme gōngzuò?

니 쭈어 션머 꽁쭈어

'어떤 일을 하시나요?'라는 의미를 가집니다.
직업의 종류를 물어볼 때 쓸 수 있는 표현입니다.

我是老师。

저는 선생님입니다.

Wǒ shì lǎoshī.

워 스 라오스

我在学校工作。

저는 학교에서 일합니다.

Wǒ zài xuéxiào gōngzuò.

워 짜이 쉬에시아오 꽁쭈어

我不工作,
我是家庭主妇。

저는 일하지 않고, 가정주부입니다.

Wǒ bù gōngzuò, wǒ shì jiātíng zhǔfù.

워 뿌 꽁쭈어, 워 스 지아팅 주푸

TIP

做什么工作는 어떤 사람의 직업이나 종사하고 있는 일에 대해 물을 때 쓸 수 있습니다. 그에 대한 답변으로 직업을 말하거나 어디에서 일하는지 표현을 하면 됩니다.

관련표현

☑ 당신의 직업은 무엇인가요?

你的职业是什么?

Nǐ de zhíyè shì shénme?

니 더 즈이에 스 션머

☑ 무슨 일을 합니까?

你是干什么的?

Nǐ shì gàn shénme de?

니 스 깐 션머 더

☑ 당신은 어떤 일에 종사하시나요?

你从事什么工作?

Nǐ cóngshì shénme gōngzuò?

니 총스 션머 꽁쭈어

☑ 저는 지금 취업 준비하고 있습니다.

我目前在家待业。

Wǒ mùqián zài jiā dàiyè.

워 무치엔 짜이 지아 따이이에

단어

职业[zhíyè] 직업

从事[cóngshì] 종사하다

待业[dàiyè] 취업 준비하다

어떤 일을 하는지에 대해 물어볼 때 쓸 수 있는 표현입니다. 从事는 '~에 종사하다'로 뒤에 업종 및 직무가 나와 무슨 일을 하는지 표현할 수 있습니다.

대화문

A : 어떤 일을 하시나요?
你做什么工作?
Nǐ zuò shénme gōngzuò?
니 쭈어 션머 꽁쭈어

B : 저는 선생님입니다. 당신은요?
我是老师，你呢？
Wǒ shì lǎoshī, nǐ ne?
워 스 라오스, 니 너

A : 저는 은행에서 일하고, 은행 직원입니다.
我在银行工作，是银行职员。
Wǒ zài yínháng gōngzuò, shì yínháng zhíyuán.
워 짜이 인항 꽁쭈어, 스 인항 즈위엔

B : 은행에서 어떤 업무를 담당하시나요?
你在银行负责什么业务？
Nǐ zài yínháng fùzé shénme yèwù?
니 짜이 인항 푸저 션머 이에우

A : 자산관리를 하고 있고요, 당신은요? 뭘 지도하시나요?
资产管理，你呢？教什么？
Zīchǎn guǎnlǐ, nǐ ne? Jiāo shénme?
쯔찬 구안리, 니 너? 지아오 션머

B : 저는 국어를 지도하고 있습니다.
我教语文。
Wǒ jiāo yǔwén.
워 지아오 위원

단어

老师[lǎoshī]
선생님

银行[yínháng]
은행

资产[zīchǎn]
자산

语文[yǔwén]
국어

직업에 대해 알아보겠습니다.
上班族[shàngbānzú] 샐러리맨 / **医生**[yīshēng] 의사 / **老师**[lǎoshī] 선생님 / **售货员**[shòuhuòyuán] 판매원

패턴 083

你想做什么工作?

Nǐ xiǎng zuò shénme gōngzuò?

니 시앙 쭈어 션머 꽁쭈어

'어떤 일을 하고 싶나요?'라는 의미입니다.
앞으로 무슨 일을 하고 싶은지 물을 때 쓸 수 있는 표현입니다.

我想当老师。

Wǒ xiǎng dāng lǎoshī.
워 시앙 땅 라오스

저는 선생님이 되고 싶습니다.

我想做跟中文有关的工作。

Wǒ xiǎng zuò gēn zhōngwén yǒuguān de gōngzuò.
워 시앙 쭈어 껀 쭝원 여우꾸안 더 꽁쭈어

저는 중국과 관련된 일을 하고 싶습니다.

我想做贸易工作。

Wǒ xiǎng zuò màoyì gōngzuò.
워 시앙 쭈어 마오이 꽁쭈어

저는 무역일을 하고 싶습니다.

TIP

当은 '~이 되다'라는 의미를 가집니다. 当 뒤에 직업이 나오는 경우가 많습니다. 또 다른 의미로는 '맡아 보다, 주관하다'라는 의미가 있습니다.

관련표현

☑ 당신이 희망하는 직위는 무엇입니까?

你希望的职位是什么?

Nǐ xīwàng de zhíwèi shì shénme?

니 시왕 더 즈웨이 스 션머

☑ 지원하는 직업은 무엇입니까?

你应聘的职业是什么?

Nǐ yīngpìn de zhíyè shì shénme?

니 잉핀 더 즈이에 스 션머

☑ 당신의 꿈은 무엇입니까?

你的梦想是什么?

Nǐ de mèngxiǎng shì shénme?

니 더 멍시앙 스 션머

☑ 저는 고소득의 안정된 일을 찾고 싶습니다.

我想找一个高薪稳定的工作。

Wǒ xiǎng zhǎo yí ge gāoxīn wěndìng de gōngzuò.

워 시앙 짜오 이 거 까오신 원띵 더 꽁쭈어

단어

职位[zhíyè] 직위

高薪[gāoxīn] 고소득

稳定[wěndìng] 안정되다

희망하는 직업 및 직위, 꿈을 물어볼 때 쓸 수 있는 표현입니다. 应聘은 '초빙에 응하다, 지원하다'라는 의미를 가집니다.

대화문

A : 어떤 일을 하고 싶으세요?

你想做什么工作?

Nǐ xiǎng zuò shénme gōngzuò?

니 시앙 쭈어 션머 꽁쭈어

B : 저는 공무원을 하고 싶어요. 당신은요?

我想当公务员，你呢?

Wǒ xiǎng dāng gōngwùyuán, nǐ ne?

워 시앙 땅 꽁우위엔, 니 너

A : 저는 요리사가 되고 싶어요.

我想当厨师。

Wǒ xiǎng dāng chúshī.

워 시앙 땅 추스

B : 그렇게 보여요. 음식문화를 좋아하잖아요.

看得出来，你很喜欢饮食文化。

Kàn de chūlái, nǐ hěn xǐhuan yǐnshí wénhuà.

칸 더 추라이, 니 헌 시후안 인스 원화

A : 다른 사람들이 제가 요리한 것을 먹는 걸 보면 기분이 좋아요.

看着别人吃我做的菜很香的样子。

Kànzhe biérén chī wǒ zuò de cài hěn xiāng de yàngzi.

칸저 비에런 츠 워 쭈어 더 차이 헌 시앙 더 이앙즈

B : 다음에 제가 식재료 준비하면 요리해줘요.

那下次我买食材，你来做。

Nà xiàcì wǒ mǎi shícái, nǐ lái zuò.

나 시아츠 워 마이 스차이, 니 라이 쭈어

단어

公务员
[gōngwùyuán]
공무원

你来做에서 **来**는 '오다'라는 의미가 아니고, **来** 뒤에 동사가 위치하여 그 동사의 적극적인 행위를 의미합니다.

你在哪儿做什么?

Nǐ zài nǎr zuò shénme?

니 짜이 날 쭈어 션머

패턴 084

'어디에서 무엇을 하시나요?'라는 의미입니다.
상대방이 어디에서 무엇을 하는지 물을 때 쓸 수 있는 표현입니다.

我在公司工作呢。

Wǒ zài gōngsī gōngzuò ne.

워 짜이 꽁쓰 꽁쭈어 너

저는 회사에서 일합니다.

我在家正准备做晚饭呢。

Wǒ zài jiā zhèng zhǔnbèi zuò wǎnfàn ne.

워 짜이 지아 쩡 준뻬이 쭈어 완판 너

저는 집에서 저녁밥을 준비하고 있습니다.

我坐地铁正在回家的路上呢。

Wǒ zuò dìtiě zhèngzài huíjiā de lùshang ne.

워 쭈어 띠티에 쩡짜이 후이지아 더 루샹 너

저는 전철을 타고 집에 가는 길입니다.

TIP

正은 '~하고 있다'라는 부사로 동작의 진행을 강조하고 在는 '그 상태에 있다'를 나타내는 부사로 상태를 강조합니다. 예를 들어 他们正在听音乐呢는 음악을 듣고 있는 동작과 상태를 지속합니다.

관련표현

☑ 당신은 어디에서 일을 하시나요?

你在什么地方做工作?

Nǐ zài shénme dìfang zuò gōngzuò?

니 짜이 션머 띠팡 쭈어 꽁쭈어

☑ 저는 삼성에서 일합니다.

我在三星工作。

Wǒ zài Sānxīng gōngzuò.

워 짜이 싼싱 꽁쭈어

☑ 저녁밥은 어디서 무엇을 먹나요?

晚饭去哪儿吃什么?

Wǎnfàn qù nǎr chī shénme?

완판 취 날 츠 션머

☑ 주말에 어디 가서 무엇을 하나요?

周末去哪儿干什么?

Zhōumò qù nǎr gàn shénme?

쭈어모 취 날 깐 션머

어디에서 일을 하는지 어디에서 무엇을 하는지에 대해 물을 때 쓸 수 있는 표현입니다. 在는 여러 가지 품사를 가지고 있는데 본 표현에서는 개사(전치사)로 쓰였습니다. 동사와 부사로 쓰이는 경우도 있습니다.

단어

晚饭[wǎnfàn]
저녁밥

대화문

A : 어디에서 뭐하시나요?

你在哪儿做什么?

Nǐ zài nǎr zuò shénme?

니 짜이 날 쭈어 션머

B : 남편, 저 슈퍼마켓에서 물건 사고 있어요.

老公，我在超市买东西呢。

Lǎogōng, wǒ zài chāoshì mǎi dōngxi ne.

라오꽁, 워 짜이 차오스 마이 똥시 너

A : 여보, 또 뭐 살려고요?

老婆，你又想买什么?

Lǎopo, nǐ yòu xiǎng mǎi shénme?

라오포, 니 여우 시앙 마이 션머

B : 요즘 슈퍼마켓에서 할인행사를 하는데 싸요.

最近超市搞打折活动，便宜。

Zuìjìn chāoshì gǎo dǎzhé huódòng, piányi.

쭈이진 차오스 까오 따처 후어똥, 피엔이

A : 아무리 싸도 막 사지 마요.

再便宜也不能乱买呀!

Zài piányi yě bùnéng luàn mǎi ya!

짜이 피엔이 이에 뿌넝 루안 마이 야

B : 걱정하지 마요! 일용품을 사는 거예요.

放心！我只买日用品。

Fàngxīn! Wǒ zhǐ mǎi rìyòngpǐn.

팡신! 워 즈 마이 르용핀

단어

超市[chāoshì]
슈퍼마켓

日用品
[rìyòngpǐn]
일용품

老婆는 '부인, 아내'라는 의미를 가집니다. **老婆**는 남편과 아내가 같이 있을 때 서로를 부르는 호칭입니다. **妻子**[qīzi]도 아내라는 의미를 가지지만 타인에게 소개할 때 쓸 수 있습니다.

패턴
085

你能帮我的忙吗?

Nǐ néng bāng wǒ de máng ma?
니 넝 빵 워 더 망 마

'저 도와줄 수 있나요?'라는 의미입니다.
누군가에게 도움을 요청할 때 쓸 수 있는 표현입니다.

需要我帮你什么忙？

제가 무엇을 도와드릴까요?

Xūyào wǒ bāng nǐ shénme máng?
쉬이야오 워 빵 니 션머 망

说吧，需要我做什么？

말씀하세요. 제가 뭘 하면 될까요?

Shuō ba, xūyào wǒ zuò shénme?
슈어 바, 쉬이야오 워 쭈어 션머

不好意思，我正忙着呢。

죄송한데, 제가 지금 바빠서요.

Bùhǎoyìsī, wǒ zhèng mángzhe ne.
뿌하오이쓰, 워 쩡 망저 너

TIP

[忙着+동사]는 '동사하느라 바쁘다'라는 의미를 가집니다.
我忙着工作。저는 일하느라 바쁩니다.
[Wǒ mángzhe gōngzuò.]

관련표현

☑ 저 좀 도와주시겠어요?

你可以帮我吗?

Nǐ kěyǐ bāng wǒ ma?

니 커이 빵 워 마

☑ 제가 부탁 좀 드려도 될까요?

可以帮我的忙吗?

Kěyǐ bāng wǒ de máng ma?

커이 빵 워 더 망 마

☑ 걱정하지 마세요. 제가 도와드릴게요.

别担心，我帮助你吧。

Bié dānxīn, wǒ bāngzhù nǐ ba.

비에 딴신, 워 빵쭈 니 바

☑ 아닙니다. 제가 해야 할 겁니다.

没事儿，这是应该的。

Méishìr, zhè shì yīnggāi de.

메이셜, 쩌 스 잉까이 더

도움을 요청하고 그에 대한 답변을 할 때 쓸 수 있는 표현입니다. 帮助는 동사와 명사로 '돕다, 도움'이라는 의미를 가집니다. 이와 비슷한 단어로는 帮忙이 있습니다.

단어

担心[dānxīn]
걱정하다

대화문

A : 저 좀 도와줄 수 있나요?
你能帮我的忙吗?
Nǐ néng bāng wǒ de máng ma?
니 넝 빵 워 더 망 마

B : 문제없습니다. 무엇을 도와드릴까요?
没问题，需要我帮你什么忙?
Méi wèntí, xūyào wǒ bāng nǐ shénme máng?
메이 원티, 쉬이야오 워 빵 니 션머 망

A : 이 자료를 순서에 맞게 정리해줄 수 있을까요?
麻烦你把这些材料按顺序整理一下?
Máfan nǐ bǎ zhèxiē cáiliào àn shùnxù zhěnglǐ yíxià?
마판 니 바 쩌시에 차이리아오 안 슌쉬 쩡리 이시아

B : 네, 또 도와드릴 것이 있나요?
好，还需要我做什么?
Hǎo, hái xūyào wǒ zuò shénme?
하오, 하이 쉬이야오 워 쭈어 션머

A : 없습니다, 감사합니다! 제가 저녁 살게요.
没有了，谢谢你！晚饭我请。
Méiyou le, xièxie nǐ! Wǎnfàn wǒ qǐng.
메이여우 러, 씨에시에 니! 완판 워 칭

B : 아닙니다. 괜찮습니다.
不用，你太客气了。
Búyòng, nǐ tài kèqi le.
부융, 니 타이 커치 러

단어

材料[cáiliào]
자료

顺序[shùnxù]
순서

整理[zhěnglǐ]
정리하다

谢谢[xiexie]라고 하면 **不客气**[búkèqi]라고 답합니다. 한자만 보면 '객기 부리지 마라'라는 의미지만 중국어에서 **客气**는 '공손하다, 겸손하다'입니다. 상대방의 호의를 받아들이겠다는 뜻도 되고, 사양하지 말라는 뜻도 됩니다.

最近生意怎么样?

Zuìjìn shēngyì zěnmeyàng?

쭈이진 셩이 쩐머이양

패턴 086

'최근에 일 어때요?'라는 의미입니다.
하는 일이 잘되는지 물어볼 때 쓸 수 있는 표현입니다.

还好。 그런대로 좋아요.
Hái hǎo.
하이 하오

不怎么样。 별로예요.
Bù zěnmeyàng.
뿌 쩐머이양

不好做，竞争对手太多。 좋지 않아요. 경쟁자가 너무 많아요.
Bù hǎo zuò, jìngzhēng duìshǒu tài duō.
뿌 하오 쭈어, 징쩡 뚜이쇼우 타이 뚜어

TIP

生意는 '사업, 비즈니스'를 의미합니다. 동사 做를 앞에 붙여 做生意라고 하면 '비즈니스를 하다'라는 의미가 됩니다.

관련표현

☑ 요즘 하시는 일 어때요?

最近进展怎么样?

Zuìjìn jìnzhǎn zěnmeyàng?

쭈이진 진쟌 쩐머이양

☑ 돈 많이 버세요.

祝你财源滚滚。

Zhù nǐ cáiyuán gǔngǔn.

쭈 니 차이위엔 꾼꾼

☑ 사업이 번창하기를 바랍니다.

祝你生意兴隆。

Zhù nǐ shēngyì xìnglóng.

쭈 니 셩이 싱롱

☑ 사업이 순조롭게 발전하기를 원합니다.

希望你事业进展顺利。

Xīwàng nǐ shìyè jìnzhǎn shùnlì.

시왕 니 스이에 진쟌 슌리

하는 일이 어떤지와 하는 일이 잘되기를 기원하는 말을 할 때 쓸 수 있는 표현입니다. 祝你는 '~하길 바란다'라는 의미로 祝你 뒤에 축원하는 말로 표현할 수 있습니다.

단어

财源[cáiyuán]
재원

顺利[shùnlì]
순조롭다

대화문

A : 요즘 일 어때요?

最近生意怎么样?

Zuìjìn shēngyì zěnmeyàng?

쭈이진 셩이 쩐머이양

B : 그렇게 좋지 않습니다!

不太好做啊!

Bútài hǎo zuò a!

부타이 하오 쭈어 아

A : 왜요?

为什么?

Wèishénme?

웨이션머

B : 커피숍을 여는 사람도 많고, 경쟁도 심해요.

开咖啡店的太多了，竞争激烈。

Kāi kāfēidiàn de tài duō le, jìngzhēng jīliè.

카이 카페이띵 더 타이 뚜어 러, 징쩡 지리에

A : 그럼 방법을 생각해야겠네요!

那得想个办法呀!

Nà děi xiǎng ge bànfǎ ya!

나 데이 시앙 거 빤파 야

B : 가게만의 특색이 있어야 할 것 같아요.

得有自家店的特色才行。

Děi yǒu zìjiā diàn de tèsè cái xíng.

데이 여우 쯔지아 디엔 더 트어써 차이 싱

단어

激烈[jīliè]
격렬하다

特色[tèsè] 특색

激烈는 일반적으로 언어 동작 행위에 쓰이게 되지만, 热烈[rèliè]는 일반적으로 태도, 분위기 등에 쓰이게 됩니다.

패턴 087

工作已经几年了?

Gōngzuò yǐjīng jǐ nián le?
꽁쭈어 이징 지 니엔 러

'일하신 지 몇 년 되셨어요?'라는 의미입니다.
일한 기간을 물어볼 때 쓸 수 있는 표현입니다.

我工作有6年多了。 저는 일한 지 6년 정도 되었습니다.
Wǒ gōngzuò yǒu liù nián duō le.
워 꽁쭈어 여우 리우 니엔 뚜어 러

算起来, 我工作已经18年了。 계산해보니, 일한 지 18년이 되었네요.
Suàn qǐlái, wǒ gōngzuò yǐjīng shíbā nián le.
수안 치라이, 워 꽁쭈어 이징 스빠 니엔 러

才两年多。 겨우 2년 됐습니다.
Cái liǎng nián duō.
차이 리앙 니엔 뚜어

TIP

[已经...了]는 '이미 ~되다'라는 의미로 이미 어떤 동작이나 상태가 이루어졌음을 나타냅니다. 보통 문장의 맨 뒤에 변화를 나타내는 어기조사 了가 오거나 동사 뒤에 완료의 시태조사 了가 옵니다.

관련표현

☑ 일한 지 얼마 됐어요?

工作多久啦?

Gōngzuò duō jiǔ la?

꽁쭈어 뚜어 지우 라

☑ 몇 년의 경력이 있으세요?

你有几年的工作经验?

Nǐ yǒu jǐ nián de gōngzuò jīngyàn?

니 여우 지 니엔 더 꽁쭈어 징이엔

☑ 저는 대학교 때부터 일하면서 공부했습니다.

我从大学开始勤工俭学。

Wǒ cóng dàxué kāishǐ qíngōngjiǎnxué.

워 총 따쉬에 카이스 칭꽁지엔쉬에

☑ 저는 졸업 후 2년 동안 취업 준비하고 있습니다.

我毕业后已经待业两年了。

Wǒ bìyè hòu yǐjīng dàiyè liǎng nián le.

워 삐이에 호우 이징 따이이에 리앙 니엔 러

단어

经验[jīngyàn]
경험

勤工俭学
[qíngōngjiǎnxué]
고학. 일하면서 공부함

경력이 어떤지와 그에 대한 답변에 대한 표현입니다.
经验은 '경험'이라는 의미를 가지며, 경험으로 인해 얻게 된 노하우 등에 초점이 맞추어져 있습니다.

대화문

A : 몇 년 일하셨어요?

工作已经几年了?

Gōngzuò yǐjīng jǐ nián le?

꽁쭈어 이징 지 니엔 러

B : 올해 9월이 딱 만 10년이네요.

到今年9月正好满10年。

Dào jīnnián jiǔ yuè zhènghǎo mǎn shí nián.

따오 진니엔 지우 위에 쩡하오 만 스 니엔

A : 그러면 우리 축하하는 거 어때요?

那我们庆祝一下，怎么样?

Nà wǒmen qìngzhù yíxià, zěnmeyàng?

나 워먼 칭쭈 이시아, 쩐머이양

B : 무슨 축하요?

怎么庆祝?

Zěnme qìngzhù?

쩐머 칭쭈

A : 부서 동료들과 같이 자동차 여행하는 거 어때요?

部门的同事们一起自驾游，怎么样?

Bùmén de tóngshìmen yìqǐ zìjiàyóu, zěnmeyàng?

뿌먼 더 통스먼 이치 쯔지아여우, 쩐머이양

B : 좋은 생각인데요!

好主意!

Hǎo zhǔyì!

하오 쭈이

단어

庆祝[qìngzhù]
축하하다, 경축하다

自驾游[zìjiàyóu]
자동차여행

[**从**+장소,시간,시기+**开始**]는 '~부터 시작해서'라는 뜻입니다. 장소명사가 나와 거리를 뜻하기도 하고 시간이나 시기를 나타내는 명사가 나오기도 합니다.

你在什么地方工作?

Nǐ zài shénme dìfang gōngzuò?

니 짜이 션머 띠팡 꽁쭈어

'어디에서 일을 하시나요?'라는 의미입니다.
분야 혹은 장소를 물어볼 때 쓸 수 있는 표현입니다.

我在贸易公司工作。

저는 무역회사에서 일합니다.

Wǒ zài màoyì gōngsī gōngzuò.

워 짜이 마오이 꽁쓰 꽁쭈어

我在政府机关工作。

저는 정부기관에서 일합니다.

Wǒ zài zhèngfǔ jīguān gōngzuò.

워 짜이 쩡푸 지구안 꽁쭈어

我在北京工作。

저는 베이징에서 일합니다.

Wǒ zài Běijīng gōngzuò.

워 짜이 뻬이징 꽁쭈어

TIP

주요 표현은 소속된 직장을 물어볼 때 쓸 수 있는 표현입니다. 직장명을 물어보기도 하고, 어떤 직장에서 일하는지, 직장이 어디에 있는지 물어볼 때 쓸 수 있습니다.

관련표현

☑ 당신은 어디로 출근하나요?

你在哪里上班?

Nǐ zài nǎlǐ shàngbān?

니 짜이 나리 상빤

☑ 당신의 회사는 어디인가요?

你的工作单位是哪儿?

Nǐ de gōngzuò dānwèi shì nǎr?

니 더 꽁쭈어 딴웨이 스 날

☑ 당신은 어느 부서에 있나요?

你在哪个部门?

Nǐ zài nǎge bùmén?

니 짜이 나거 뿌먼

☑ 당신은 어느 도시에서 일하시나요?

你在哪个城市工作?

Nǐ zài nǎge chéngshì gōngzuò?

니 짜이 나거 청스 꽁쭈어

어디로 출근하는지, 어디에서 일하는지 묻는 표현입니다. 单位는 '단위'라는 의미도 있지만 중국에서는 회사라는 의미로 公司[gōngsī]보다는 单位를 더 많이 사용을 합니다.

단어

城市[chéngshì]
도시

대화문

A : 당신은 어디에서 일하시나요?
你在什么地方工作?
Nǐ zài shénme dìfang gōngzuò?
니 짜이 션머 띠팡 꽁쭈어

B : 저는 의료기관에서 일합니다. 당신은요?
我在医疗机关工作，你呢?
Wǒ zài yīliáo jīguān gōngzuò, nǐ ne?
워 짜이 이리아오 지구안 꽁쭈어, 니 너

A : 저는 문화계통에서 일합니다.
我在文化系统工作。
Wǒ zài wénhuà xìtǒng gōngzuò.
워 짜이 원화 시통 꽁쭈어

B : 구체적으로 어떤 업무를 담당하시나요?
在具体负责什么业务?
Zài jùtǐ fùzé shénme yèwù?
짜이 쥐티 푸저 션머 이에우

A : 유아교육 파트입니다. 당신은요?
学前教育这一块，你呢?
Xué qián jiàoyù zhè yí kuài, nǐ ne?
쉬에 치엔 지아오위 쩌 이 쿠와이, 니 너

B : 저는 주로 의료보험을 담당하고 있습니다.
我主要负责医疗保险。
Wǒ zhǔyào fùzé yīliáo bǎoxiǎn.
워 주이야오 푸저 이리아오 빠오시엔

단어

医疗[yīliáo] 의료

系统[xìtǒng] 계통

具体[jùtǐ] 구체적

教育[jiàoyù] 교육

保险[bǎoxiǎn] 보험

单位는 '단위'라는 의미도 있지만, '회사'라는 의미가 있습니다. 모든 사업 단체를 다 포함하여 말할 수 있는 단어입니다.

패턴 089

你最近压力大吗?

Nǐ zuìjìn yālì dà ma?

니 쭈이진 야리 따 마

'최근에 스트레스가 많나요?'라는 의미입니다.
스트레스가 어떤지에 대해 물어볼 수 있는 표현입니다.

特别是工作压力大。 특히 업무 스트레스가 많아요.

Tèbié shì gōngzuò yālì dà.

트어비에 스 꽁쭈어 야리 따

很大，尤其是工作压力。 많아요, 더욱이 업무 스트레스가.

Hěn dà, yóuqí shì gōngzuò yālì.

헌 따, 여우치 스 꽁쭈어 야리

我最近正学着减压的方法。 요즘 스트레스 해소법을 공부하고 있답니다.

Wǒ zuìjìn zhèng xuézhe jiǎnyā de fāngfǎ.

워 쭈이진 쩡 쉬에저 지엔야 더 팡파

TIP

尤其는 부사로 '더욱이, 특히'라는 의미입니다. 尤其 뒤에 是가 오면 강조를 나타냅니다. 尤其가 '특히'라는 뜻으로 쓰이는 다른 단어들과 구분되는 가장 큰 특징은 '비교대상'이 있어야 한다는 것입니다.

관련표현

☑ 최근에 기분이 좋지 않나요?

你最近心情烦躁吗?

Nǐ zuìjìn xīnqíng fánzào ma?

니 쭈이진 신칭 판짜오 마

☑ 저는 매일 야근해서 피곤해요.

我最近天天加班很累。

Wǒ zuìjìn tiāntiān jiābān hěn lèi.

워 쭈이진 티엔티엔 지아빤 헌 레이

☑ 저는 승진을 위해 스스로에게 스트레스를 주고 있어요.

我为了升职在给自己施压。

Wǒ wèile shēngzhí zài gěi zìjǐ shīyā.

워 웨이러 셩즈 짜이 게이 쯔지 스야

☑ 스스로에게 스트레스 많이 주지 마세요.

别给自己太大压力。

Bié gěi zìjǐ tài dà yālì.

비에 게이 쯔지 타이 따 야리

단어

烦躁[fánzào]
초조하다

为了[wèile]
~하기 위해서

升职[shēngzhí]
승진하다

施压[shīyā]
스트레스를 가하다

요즘 기분이 어떤지와, 스트레스에 관련된 표현을 할 수 있습니다. 压力는 '스트레스'라는 의미를 가지며, '스트레스를 해소하다, 풀다'라고 할 때 쓸 수 있는 단어는 缓解[huǎnjiě], 消除[xiāochú], 减少[jiǎnshǎo]등이 있습니다.

대화문

A : 최근에 스트레스가 많죠?

你最近压力大吗?

Nǐ zuìjìn yālì dà ma?

니 쭈이진 야리 따 마

B : 네, 스트레스가 많아요.

嗯，压力很大。

Èng, yālì hěn dà.

엉, 야리 헌 따

A : 어떤 스트레스요?

哪方面的压力?

Nǎ fāngmiàn de yālì?

나 팡미엔 더 야리

B : 업무적인 스트레스요. 힘들어요, 당신은요?

工作压力。觉得很累，你呢?

Gōngzuò yālì. juéde hěn lèi, nǐ ne?

꽁쭈어 야리. 쥐에더 헌 레이, 니 너

A : 경제적인 스트레스요. 매달 대출금을 내야 돼요.

经济上的压力，每个月得还房贷。

Jīngjì shang de yālì, měi ge yuè děi huán fángdài.

징지 샹 더 야리, 메이 거 위에 데이 후안 팡따이

B : 다 스트레스가 많군요!

都压力山大呀!

Dōu yālìshāndà ya!

또우 야리샨따 야

단어

房贷[fángdài]
대출금

压力山大
[yālìshāndà]
스트레스가 산처럼 쌓이다

压力山大는 亚力山大(알렉산더)와 발음이 비슷해서 유래가 되었습니다. '스트레스가 산처럼 크다'라는 의미로 스트레스가 상당하다는 표현입니다.

你怎么缓解你的压力?

패턴 **090**

Nǐ zěnme huǎnjiě nǐ de yālì?

니 쩐머 후안지에 니 더 야리

'스트레스를 어떻게 해소하시나요?'라는 의미입니다.
스트레스 해소 방법에 대해 물어볼 때 쓸 수 있는 표현입니다.

喝酒，一醉解千愁，然后睡一觉。

Hē jiǔ, yì zuì jiě qiān chóu, ránhòu shuì yí jiào.
호어 지우, 이 쭈이 지에 치엔 초우, 란호우 슈이 이 지아오

술 마시고, 술 취하면 근심을 잊어버릴 수 있고, 그런 후에 한숨 자요.

购物，买自己喜欢的东西。

Gòuwù, mǎi zìjǐ xǐhuan de dōngxi.
꼬우우, 마이 쯔지 시후안 더 똥시

물건을 사요, 제가 좋아하는 물건을 사요.

运动，出一身汗后，感觉特别爽。

Yùndòng, chū yì shēn hàn hòu, gǎnjué tèbié shuǎng.
윈똥, 추 이 션 한 호우, 깐쥐에 트어비에 슈앙

운동을 해요. 땀을 흘리고 나면, 느낌이 매우 상쾌해요.

TIP

压力는 스트레스라는 의미를 가지며, '완화하다, 풀다'라는 의미는 아래 3가지의 단어로 쓰일 수 있습니다.
缓解[huǎnjiě] / 减少[jiǎnshǎo] / 消除[xiāochú]

관련표현

☑ 스트레스가 많을 때 무엇을 하시나요?

压力大的时候你做些什么？

Yālì dà de shíhou nǐ zuò xiē shénme?

야리 따 더 스호우 니 쭈어 셰 선머

☑ 스트레스를 받을 때, 어떻게 할 건가요?

感受到压力的时候，会怎么办？

Gǎnshòu dào yālì de shíhou, huì zěnmebàn?

간쇼우 따오 야리 더 스호우, 후이 쩐머빤

☑ 너무 복잡하게 생각하지 마시고, 푹 주무세요.

别想得太复杂，好好儿睡一觉。

Bié xiǎng de tài fùzá, hǎohāor shuì yí jiào.

비에 시앙 더 타이 푸자, 하오할 슈이 이 지이아오

☑ 전 노래를 불러서 스스로 스트레스를 발산할 겁니다.

我会唱歌来宣泄自己的压力。

Wǒ huì chànggē lái xuānxiè zìjǐ de yālì.

워 후이 창꺼 라이 쉬엔시에 쯔지 더 야리

스트레스를 받을 때 어떻게 스트레스를 해소하는지 묻고 답하는 표현입니다. [受到+추상명사]의 형식으로 쓰이게 되며, 收到은 우리말의 의미로는 같지만 쓰임은 다소 다릅니다. [收到+구체사물]의 형식으로 쓰이게 됩니다.

단어

感受[gǎnshòu]
받다, 느끼다

宣泄[xuānxiè]
발산하다, 털어놓다

대화문

A : 스트레스를 어떻게 푸시나요?
你怎么缓解你的压力?
Nǐ zěnme huǎnjiě nǐ de yālì?
니 쩐머 후안지에 니 더 야리

B : 저는 친구와 술 마셔요. 당신은요?
和朋友喝酒，你呢？
Hé péngyou hē jiǔ, nǐ ne?
흐어 펑여우 흐어 지우, 니 너

A : 어떨 때는 술 마시고, 어떨 때는 등산해요.
有时喝酒，有时去爬山。
Yǒushí hē jiǔ, yǒushí qù páshān.
여우스 흐어 지우, 여우스 취 파샨

B : 이 군의 스트레스 해소법에 대해 들어봤어요?
你听说过小刘的解压方法吗？
Nǐ tīngshuō guò Xiǎo Liú de jiěyā fāngfǎ ma?
니 팅슈어 꾸어 시아오 리우 더 지엥 팡파 마

A : 아니요, 어떻게 스트레스 해소한대요?
没有，他怎么解压？
Méiyou, tā zěnme jiěyā?
메이여우, 타 쩐머 지에야

B : 문신한대요. 그는 찌르면 찌를수록 기분 좋대요.
纹身。他说，越扎越痛快。
Wénshēn. Tā shuō, yuè zhā yuè tòngkuài.
원션. 타 슈어, 위에 쟈 위에 통쿠와이

단어

缓解[huǎnjiě]
해소하다

爬山[páshān]
등산하다

解压[jiěyā]
스트레스를 풀다

纹身[wénshēn]
문신

解压는 '압축을 풀다'라는 의미도 있지만 '스트레스를 해소하다'라는 의미를 가집니다.

복습하기 [패턴 081-090] 직장

★ 081 어떤 업무를 보시나요?
你负责什么?
Nǐ fùzé shénme?

★ 082 어떤 일을 하시나요?
你做什么工作?
Nǐ zuò shénme gōngzuò?

★ 083 어떤 일을 하고 싶나요?
你想做什么工作?
Nǐ xiǎng zuò shénme gōngzuò?

★ 084 어디에서 무엇을 하시나요?
你在哪儿做什么?
Nǐ zài nǎr zuò shénme?

★ 085 저 도와줄 수 있나요?
你能帮我的忙吗?
Nǐ néng bāng wǒ de máng ma?

★ 086 최근에 일 어때요?
最近生意怎么样?
Zuìjìn shēngyì zěnmeyàng?

★ 087 일하신 지 몇 년 되셨어요?
工作已经几年了?
Gōngzuò yǐjīng jǐ nián le?

★ 088 어디에서 일을 하시나요?
你在什么地方工作?
Nǐ zài shénme dìfang gōngzuò?

★ 089 최근에 스트레스가 많나요?
你最近压力大吗?
Nǐ zuìjìn yālì dà ma?

★ 090 스트레스를 어떻게 해소하시나요?
你怎么缓解你的压力?
Nǐ zěnme huǎnjiě nǐ de yālì?

Part 10

학습

패턴
091

有问题吗?

Yǒu wèntí ma?
여우 원티 마

'문제 있나요?'라는 의미입니다.
질문이 있거나 어떤 문제가 있는지 물을 때 쓸 수 있는 표현입니다.

现在没有。 지금 없습니다.
Xiànzài méiyou.
시엔짜이 메이여우

有, 麻烦您帮我看一下。 있어요, 번거롭겠지만 좀 봐줘요.
Yǒu, máfan nín bāng wǒ kàn yíxià.
여우, 마판 닌 빵 워 칸 이시아

有, 我不知道这道题怎么做。 있어요, 이 문제를 어떻게 풀어야 할지 모르겠어요.
Yǒu, wǒ bù zhīdào zhè dào tí zěnme zuò.
여우, 워 뿌 즈따오 쩌 따오 티 쩐머 쭈어

TIP

麻烦은 '번거롭다, 귀찮다'라는 의미입니다. 무언가를 부탁할 때 문장의 앞에 놓이면서 '당신을 번거롭게 해서 죄송하지만'이라는 의미로 쓰이고, 신세를 지고 폐를 끼쳤다고 할 때도 건넬 수 있습니다.

관련표현

☑ 또 의문점이 있나요?

还有什么疑问?

Háiyǒu shénme yíwèn?

하이여우 션머 이원

☑ 질문이 있으면 말씀하세요.

有提问的请说。

Yǒu tíwèn de qǐng shuō.

여우 티원 더 칭 슈어

☑ 이해가 안 되는 곳이 있나요?

还有什么不懂的吗?

Háiyǒu shénme bù dǒng de ma?

하이여우 션머 뿌 똥 더 마

☑ 또 궁금한 것이 있나요?

还有什么好奇的吗?

Háiyǒu shénme hǎoqí de ma?

하이여우 션머 하오치 더 마

질문이 있는지에 대해 물어보는 표현입니다. 还有는 명사 성격의 두 단어 혹은 두 문장을 연결합니다. 还有는 비교적 길고 복잡한 두 성분을 연결할 때 사용하기 때문에 还有 앞에는 항상 쉼표가 있습니다.

단어

疑问[yíwèn] 의문

대화문

A : 문제 있나요?

有问题吗?

Yǒu wèntí ma?

여우 원티 마

B : 있어요.

有。

Yǒu.

여우

A : 어떤 거요?

哪方面的?

Nǎ fāngmiàn de?

나 팡미엔 더

B : 남녀 간의 교제에 관한 거요.

男女交往方面的。

Nánnǚ jiāowǎng fāngmiàn de.

난뉘 지아오왕 팡미엔 더

A : 좋아하는 여자가 있어요?

有喜欢的女孩子了?

Yǒu xǐhuan de nǚháizi le?

여우 시후안 더 뉘하이즈 러

B : 네, 어떻게 그녀에게 고백을 해야 할지 모르겠어요.

对，不知道该怎么向她表白。

Duì, bù zhīdào gāi zěnme xiàng tā biǎobái.

뚜이, 뿌 즈따오 까이 쩐머 시앙 타 삐아오바이

단어

交往[jiāowǎng]
교제하다

向[xiàng]
~을 향해

表白[biǎobái]
고백하다

向은 '~로 향하여'라는 의미를 가집니다. [向+ 名(명사) + 动(동사)] 혹은 [动(동사)+向]으로 사용 가능합니다. 방위나 장소를 의미하는 단어, 사람이나 사물을 나타내는 대명사, 명사가 목적어로 올 수 있습니다.

你会说汉语吗?

Nǐ huì shuō Hànyǔ ma?
니 후이 슈어 한위 마

패턴 **092**

'중국어를 할 줄 아시나요?'라는 의미입니다.
무언가를 배워서 할 수 있는지 물을 때 쓸 수 있는 표현입니다.

不太会说。

Bútài huì shuō.
부타이 후이 슈어

잘하지 못합니다.

会说, 我在中国住过7年左右。

Huì shuō, wǒ zài Zhōngguó zhùguo qī nián zuǒyòu.
후이 슈어, 워 짜이 쭝구어 쭈구어 치 니엔 쭈어여우

말할 수 있어요. 저는 중국에서 7년 정도 살았어요.

能说一点儿简单的日常用语。

Néng shuō yìdiǎnr jiǎndān de rìcháng yòngyǔ.
넝 슈어 이디얼 지엔딴 더 르창 용위

간단한 일상회화 정도만 할 수 있어요.

TIP

会는 (배워서) 할 수 있는 것을 의미합니다. 能은 '~할 수 있다'라는 의미를 가지고 타고난 능력, 여건이 허락해서 가능함을 나타낼 수 있습니다.

관련표현

☑ 중국어를 할 줄 아시나요?

你会说中文吗?

Nǐ huì shuō Zhōngwén ma?

니 후이 슈어 쭝원 마

☑ 중국어 정말 잘하시네요.

你中文说得真好。

Nǐ Zhōngwén shuō de zhēn hǎo.

니 쭝원 슈어 더 쩐 하오

☑ 저는 약간의 중국어를 할 수 있습니다.

我只会说一点点中文。

Wǒ zhǐ huì shuō yī diǎn diǎn Zhōngwén.

워 즈 후이 슈어 이디엔 디엔 쭝원

☑ 저는 중국어를 잘하지 못합니다.

我的中文不太好。

Wǒ de Zhōngwén bútài hǎo.

워 더 쭝원 부타이 하오

단어

会[huì]
~할 수 있다

一点[yī diǎn]
약간, 조금

中文[zhōngwén]
중국어

중국어를 할 줄 아는지를 물어보는 질문과 그에 대한 답변을 표현할 수 있습니다. 会는 '~할 수 있다'라는 조동사인데 배워서 무언가를 할 수 있다라고 할 때 쓸 수 있는 표현입니다.

대화문

A : 중국어 할 줄 아세요?
你会说汉语吗?
Nǐ huì shuō Hànyǔ ma?
니 후이 슈어 한위 마

B : 약간 할 수 있어요.
会说一点儿。
Huì shuō yìdiǎnr.
후이 슈어 이디얼

A : 중국어 얼마나 배우셨어요?
你学了多长时间汉语?
Nǐ xué le duō cháng shíjiān Hànyǔ?
니 쉬에 러 뚜어 창 스지엔 한위

B : 1년 정도 배웠어요.
学了一年左右。
Xué le yì nián zuǒyòu.
쉬에 러 이 니엔 쭈어여우

A : 겨우 1년이요? 그런데 이렇게 잘하시네요!
才学了一年? 就说得这么棒!
Cái xué le yì nián, jiù shuō de zhème bàng!
차이 쉬에 러 이 니엔, 지우 슈어 더 쩌머 빵

B : 감사합니다! 과찬이십니다.
谢谢! 你太过奖了。
Xièxie! Nǐ tài guòjiǎng le.
씨에시에! 니 타이 꾸어지앙 러

단어

左右[zuǒyòu]
정도, 대략

棒[bàng]
대단하다

过奖[guòjiǎng]
과찬이다

보통화를 여러 가지로 부르지만 가장 많이 사용되는 것은 **汉语**[hànyǔ], **中文**[zhōngwén]입니다. 중국 인구의 90% 이상을 차지하는 한족이 쓰는 말이 **汉语**지만 한족어뿐이 아닌 중국어를 의미하고, **中文**도 중국어를 지칭합니다.

패턴 093

你想听哪门课?

Nǐ xiǎng tīng nǎ mén kè?

니 시앙 팅 나 먼 커

'어떤 수업을 듣고 싶나요?'라는 의미입니다.
학원이나 학교에서 수강 신청할 때 쓸 수 있는 표현입니다.

我想听汉语会话课。

Wǒ xiǎng tīng Hànyǔ huìhuà kè.
워 시앙 팅 한위 후이화 커

저는 중국어 회화수업을 듣고 싶습니다.

想听HSK6级课。

Xiǎng tīng HSK liù jí kè.
시앙 팅 에이치에스케이 리우 지 커

HSK6급 수업을 듣고 싶습니다.

我不知道听哪门课, 请推荐一下, 好吗?

Wǒ bù zhīdào tīng nǎ mén kè, qǐng tuījiàn yíxià, hǎo ma?
워 뿌 즈따오 팅 나 먼 커, 칭 투이지엔 이시아, 하오 마

저는 어떤 수업을 들어야 할지 모르겠는데 추천해주시겠어요?

TIP

推荐은 '추천하다'라는 의미입니다. 비슷한 의미로 参谋[cānmóu]로 '조언하다'라는 의미입니다. 남을 대신해 아이디어를 내거나 조언을 할 때 사용할 수 있습니다.

관련표현

☑ 어떤 수업을 들을 계획인가요?

你打算听哪门课?

Nǐ dǎsuan tīng nǎ mén kè?

니 따수안 팅 나 먼 커

☑ 어떤 수업에 흥미가 있으세요?

你对哪门课感兴趣?

Nǐ duì nǎ mén kè gǎn xìngqù?

니 뚜이 나 먼 커 깐 싱취

☑ 듣고 싶은 수업을 선택하시고 신청하시면 됩니다.

选择想听的课，申请就可以。

Xuǎnzé xiǎng tīng de kè, shēnqǐng jiù kěyǐ.

쉬엔저 시앙 팅 더 커, 션칭 지우 커이

☑ 이 수업의 선생님이 대단하세요.

这门课老师很厉害。

Zhè mén kè lǎoshī hěn lìhai.

쩌 먼 커 라오스 헌 리하이

단어

感兴趣
[gǎn xìngqù]
흥미를 갖다

选择[xuǎnzé]
선택하다

申请[shēnqǐng]
신청하다

신학기가 되면 수강신청을 하게 되는데 어떤 수업을 듣고 싶은지와 흥미가 있는지에 대해 말할 수 있는 표현입니다. 门은 전공이나, 학과, 과목을 셀 때 쓸 수 있는 표현입니다.

대화문

A : 어떤 수업을 들으실 건가요?

你想听哪门课?

Nǐ xiǎng tīng nǎ mén kè?

니 시앙 팅 나 먼 커

B : 저는 역사 수업을 듣고 싶습니다.

我想听历史课。

Wǒ xiǎng tīng lìshǐ kè.

워 시앙 팅 리스 커

A : 왜요?

为什么?

Wèishénme?

웨이션머

B : 저는 역사에 흥미가 있기 때문이에요.

因为我对历史很感兴趣。

Yīnwèi wǒ duì lìshǐ hěn gǎn xìngqù.

인웨이 워 뚜이 리스 헌 깐 싱취

A : 그러면 이후 당신의 역사 강의를 들을 수 있겠군요.

那我以后可以听你讲历史故事了。

Nà wǒ yǐhòu kěyǐ tīng nǐ jiǎng lìshǐ gùshì le.

나 워 이호우 커이 팅 니 지앙 리스 꾸스 러

B : 그럴 수 있도록 노력하겠습니다.

愿意为你效劳。

Yuànyì wèi nǐ xiàoláo.

위엔이 웨이 니 시아오라오

단어

历史[lìshǐ] 역사

故事[gùshì] 이야기

效劳[xiàoláo] 힘쓰다

对...感兴趣는 '~에 대해 관심(흥미)이 있다'라는 의미를 가집니다. 对 뒤에 취미나 관심사를 넣어서 표현을 할 수 있습니다.

汉语你听得懂吗?

패턴 094

Hànyǔ nǐ tīngdedǒng ma?

한위 니 팅더똥 마

'중국어를 듣고 이해할 수 있나요?'라는 의미입니다.
중국어를 듣고 이해할 능력이 되는지에 대해 물어볼 수 있는 표현입니다.

我能听懂一点儿。

Wǒ néng tīng dǒng yìdiǎnr.

워 넝 팅 똥 이디얼

저는 좀 이해가 갑니다.

我听不懂。

Wǒ tīngbudǒng.

워 팅부똥

저는 이해할 수 없습니다.

我听得懂是听得懂，但说得不好。

Wǒ tīngdedǒng shì tīngdedǒng, dàn shuō de bù hǎo.

워 팅더똥 스 팅더똥, 딴 슈어 더 뿌 하오

이해는 되는데, 말하기가 힘드네요.

TIP

听不懂은 '들었는데 이해할 수 없다'라는 의미이지만 没听懂은 '아예 못 들어서 모를 때'라는 의미를 가집니다.

관련표현

☑ 중국어 알아들으시나요?

你听得懂中文吗?

Nǐ tīngdedǒng Zhōngwén ma?

니 팅더똥 쭝원 마

☑ 제가 천천히 말하면 이해하시나요?

我讲慢点你能听懂吗?

Wǒ jiǎng màn diǎn nǐ néng tīng dǒng ma?

워 지앙 만 디엔 니 넝 팅 똥 마

☑ 중국어 말할 수 있나요?

我讲中文可以吗?

Wǒ jiǎng Zhōngwén kěyǐ ma?

워 지앙 쭝원 커이 마

☑ 이해가 안되면 저에게 말씀하세요.

听不懂跟我说。

Tīngbudǒng gēn wǒ shuō.

팅부똥 껀 워 슈어

중국어를 말할 줄 아는지 이해할 수 있는지 묻는 표현입니다. 能은 '~할 수 있다'라는 조동사인데 어떤 능력을 말할 때 쓸 수 있습니다. 앞에서 설명한 会와는 약간 의미가 다르게 표현됩니다.

단어

听得懂 [tīngdedǒng] 이해하다

讲[jiǎng] 말하다

대화문

A : 중국어 알아들을 수 있어요?

汉语你听得懂吗?

Hànyǔ nǐ tīngdedǒng ma?

한위 니 팅더똥 마

B : 약간 이해할 수 있습니다.

能听懂一点儿。

Néng tīng dǒng yìdiǎnr.

넝 팅 똥 이디얼

A : 중국어 얼마나 배웠어요?

你学了多长时间汉语?

Nǐ xué le duō cháng shíjiān Hànyǔ?

니 쉬에 러 뚜어 창 스지엔 한위

B : 2년 정도 배웠습니다.

学了两年左右。

Xué le liǎng nián zuǒyòu.

쉬에 러 리앙 니엔 쭈어여우

A : 어디서 배웠어요?

在哪儿学的?

Zài nǎr xué de?

짜이 날 쉬에 더

B : 중국어 학원에서 배웠어요.

在中文补习班学的。

Zài Zhōngwén bǔxíbān xué de.

짜이 쭝원 부시빤 쉬에 더

단어

补习班[bǔxíbān]
학원

补习班은 '학원'이라는 의미인데 같은 한자어로 쓰이는 **学院**[xuéyuàn]은 학원이 아니고 '단과대학'이라는 의미를 가집니다. 한국식 한자와 중국식 한자가 의미가 달라지는 경우가 있음에 유의해야 합니다.

패턴 095

你今天有几节课?

Nǐ jīntiān yǒu jǐ jié kè?
니 진티엔 여우 지 지에 커

'오늘 몇 과목 수업이 있어요?'라는 의미입니다.
학원이나 학교에서 몇 과목이 있는지 물을 때 쓸 수 있는 표현입니다.

有6节课。
Yǒu liù jié kè.
여우 리우 지에 커
6과목이 있어요.

6节课, 上午4节, 下午2节。
Liù jié kè, shàngwǔ sì jié, xiàwǔ liǎng jié.
리우 지에 커, 샹우 쓰 지에, 시아우 리앙 지에
6과목이요. 오전에 4과목, 오후에 2과목이요.

我今天没有课。
Wǒ jīntiān méiyou kè.
워 진티엔 메이여우 커
오늘 수업이 없어요.

TIP

节는 양사로 쓰였습니다. ① 하나하나의 부분으로 나눌 수 있는 것을 셀 때 쓸 수 있는 양사(四节电池[sì jié diànchí], 一节车厢[yì jié chēxiāng]) ② 수업을 셀 때 쓸 수 있는 양사(一节课[yì jié kè])

관련표현

☑ 오늘 어떤 수업이 있어요?

你今天有哪些课?

Nǐ jīntiān yǒu nǎxiē kè?

니 진티엔 여우 나시에 커

☑ 오늘 몇 시에 수업이 끝나요?

你今天几点下课?

Nǐ jīntiān jǐ diǎn xiàkè?

니 진티엔 지 디엔 시아커

☑ 다음 수업은 무슨 수업이에요?

你下节课是什么课?

Nǐ xià jié kè shì shénme kè?

니 시아 지에 커 스 션머 커

☑ 수업 후에 어떤 계획이 있어요?

你下课有什么打算?

Nǐ xiàkè yǒu shénme dǎsuan?

니 시아커 여우 션머 따수안

수업에 대해 묻는 표현으로 어떤 수업이 있는지, 수업 후 무슨 계획이 있는지에 대해 말할 수 있습니다. 些는 '조금, 약간'이라는 의미로 확정적이지 않은 적은 수량을 나타냅니다.

단어

课[kè] 수업

대화문

A : 오늘 몇 과목 수업 있어요?

你今天有几节课?

Nǐ jīntiān yǒu jǐ jié kè?

니 진티엔 여우 지 지에 커

B : 6과목이요. 오전에 4과목, 오후에 2과목이요.

有六节课，上午四节，下午两节。

Yǒu liù jié kè, shàngwǔ sì jié, xiàwǔ liǎng jié.

여우 리우 지에 커, 샹우 쓰 지에, 시아우 리앙 지에

A : 모두 무슨 수업이에요?

都有什么课?

Dōu yǒu shénme kè?

또우 여우 션머 커

B : 오전에 수학, 영어, 과학과 국어요.

上午有数学、英语、科学和语文。

Shàngwǔ yǒu shùxué, yīngyǔ, kēxué hé yǔwén.

샹우 여우 슈쉬에, 잉위, 커쉬에 흐어 위원

A : 그러면 오후는요?

那下午呢?

Nà xiàwǔ ne?

나 시아우 너

B : 오후에는 체육과 역사요.

下午有一节体育和一节历史。

Xiàwǔ yǒu yì jié tǐyù hé yì jié lìshǐ

시아우 여우 이 지에 티위 흐어 이 지에 리스

단어

数学[shùxué]
수학

英语[yīngyǔ]
영어

科学[kēxué] 과학

시간에 따른 어휘에 대해 알아보겠습니다.
早晨[zǎochén] 새벽, **早上**[zǎoshang] 아침, **晚上**[wǎnshang] 저녁,
中午[zhōngwǔ] 점심, **午夜**[wǔyè] 자정

你这学期听多少学分的课？

패턴 096

Nǐ zhè xuéqī tīng duōshao xuéfēn de kè?
니 쩌 쉬에치 팅 뚜어샤오 쉬에펀 더 커

'이번 학기에 몇 학점 수업 들어요?'라는 의미입니다.
학교에서 친구들과 수강 신청할 때 쓸 수 있는 표현입니다.

这学期我得听满4学分的课。
Zhè xuéqī wǒ děi tīng mǎn sì xuéfēn de kè.
쩌 쉬에치 워 데이 팅 만 쓰 쉬에펀 더 커
이번 학기에 저는 4학점 수업을 채워야 해요.

我还没决定呢。
Wǒ hái méi juédìng ne.
워 하이 메이 쥐에띵 너
아직 결정하지 않았어요.

我必须把剩下的选修课都听完。
Wǒ bìxū bǎ shèngxià de xuǎnxiū kè dōu tīng wán.
워 삐쉬 바 셩시아 더 쉬엔시우 커 또우 팅 완
반드시 남은 선택과목을 다 들어야 돼요.

TIP

争取와 争夺는 서로 다른 의미입니다. 争取는 '쟁취하다, 얻어내다, 따내다'라는 의미를 가집니다. 争夺[zhēngduó]는 '쟁탈하다, 다투다, 빼앗다'라는 의미입니다.

관련표현

☑ 이번 학기에 몇 학점의 수업을 신청했어요?

你这学期选了多少学分的课?

Nǐ zhè xuéqī xuǎn le duōshao xuéfēn de kè?

니 쩌 쉬에치 쉬엔 러 뚜어샤오 쉬에펀 더 커

☑ 이번 학기에 어떤 교수님의 수업을 신청했어요?

你这学期选了哪些教授的课?

Nǐ zhè xuéqī xuǎn le nǎxiē jiàoshòu de kè?

니 쩌 쉬에치 쉬엔 러 나시에 지아오쇼우 더 커

☑ 이번 학기에 어떤 수업을 신청했어요?

你这学期选了哪些课?

Nǐ zhè xuéqī xuǎn le nǎxiē kè?

니 쩌 쉬에치 쉬엔 러 나시에 커

☑ 이번 학기에 어떤 선택과목을 신청했어요?

你这学期选了哪些选修课?

Nǐ zhè xuéqī xuǎn le nǎ xiē xuǎnxiū kè?

니 쩌 쉬에치 쉬엔 러 나시에 쉬엔시우 커

수강신청을 할 때 물어볼 수 있는 표현입니다. 选课는 '수강신청을 하다'라는 의미로 대학에서 학점을 취득할 때 선택과목과 필수과목을 신청합니다.

단어

学期[xuéqī] 학기

대화문

A : 이번 학기에 몇 학점의 수업을 들어요?

你这学期听多少学分的课？

Nǐ zhè xuéqī tīng duōshao xuéfēn de kè?

니 쩌 쉬에치 팅 뚜어샤오 쉬에펀 더 커

B : 2과목의 필수과목을 들어요. 당신은요?

我打算听两门必修课，你呢？

Wǒ dǎsuan tīng liǎng mén bìxiūkè, nǐ ne?

워 따수안 팅 리앙 먼 삐시우커, 니 너

A : 저는 이번 학기에 휴학할 계획이에요. 중국에 가요.

我这学期打算休学，去中国。

Wǒ zhè xuéqī dǎsuan xiūxué, qù Zhōngguó.

워 쩌 쉬에치 따수안 시우쉬에, 취 쭝구어

B : 대학교 3학년 때 많은 학점을 따야, 졸업할 때 편해져요.

大三时多拿学分，毕业时就轻松了。

Dàsān shí duō ná xuéfēn, bìyè shí jiù qīngsōng le.

따싼 스 뚜어 나 쉬에펀, 삐이에 스 지우 칭송 러

A : 대학시절에 많은 경험을 하고 싶어요.

想在大学期间尝试各种体验。

Xiǎng zài dàxué qījiān chángshì gèzhǒng tǐyàn.

시앙 짜이 따쉬에 치지엔 창스 꺼종 티이엔

B : 정말 부럽네요.

真羡慕你。

Zhēn xiànmù nǐ.

쩐 시엔무 니

단어

必修课[bìxiūkè]
필수과목

休学[xiūxué]
휴학하다

体验[tǐyàn]
경험하다

体验은 '경험하다'입니다. **经历**[jīnglì]는 일하거나 생활하는 데 있어서의 발자취라고 볼 수 있으며, **经验**[jīngyàn]은 **经历** 중 얻은 지식, 기술, 능력입니다. **体验**은 더 가벼운 느낌으로 '한번 몸소 체험하다'라는 뉘앙스입니다.

패턴
097

你看我学汉语,怎么样?

Nǐ kàn wǒ xué Hànyǔ, zěnmeyàng?
니 칸 워 쉬에 한위, 쩐머이양

'당신이 보기에 제가 중국어 배우는 것 어때요?'라는 의미입니다. 누군가에게 무엇을 하는 것이 어떠냐고 물을 때 쓸 수 있는 표현입니다.

你汉语肯定也能学好。 분명히 중국어 잘할 거예요.
Nǐ Hànyǔ kěndìng yě néng xué hǎo.
니 한위 컨띵 이에 넝 쉬에 하오

表现不错,说得越来越好了。 표현도 좋아졌고, 말하는 것도 더욱더 좋아졌어요.
Biǎoxiàn búcuò, shuō de yuèláiyuè hǎo le.
삐아오시엔 부추어, 슈어 더 위에라이위에 하오 러

经常跟中国人打交道嘛,应该学。 자주 중국인과 왕래하잖아요. 당연히 배워야죠.
Jīngcháng gēn Zhōngguórén dǎ jiāodào ma, yīnggāi xué.
징창 껀 쭝구어런 따 지아오따오 마, 잉까이 쉬에

TIP

越来越는 '점점 더'라는 의미를 가집니다. 시간이 지남에 따라 그 정도가 계속해서 발전함을 나타내며, 보통 越来越+형용사/심라동사가 같이 쓰입니다.

관련표현

☑ 제가 중국어 배우려고 하는데 어떻게 생각하세요?

我打算学汉语，你觉得怎么样？

Wǒ dǎsuan xué Hànyǔ, nǐ juéde zěnmeyàng?

워 따수안 쉬에 한위 니 쥐에더 쩐머이양

☑ 제가 중국어 배우는 것 어떻게 생각하세요?

你觉得我学汉语的话怎么样？

Nǐ juéde wǒ xué Hànyǔ de huà zěnmeyàng?

니 쥐에더 워 쉬에 한위 더 화 쩐머이양

☑ 당신이 볼 때 제가 중국어 배우는 것 어떻게 생각해요?

你看我汉语学得怎么样？

Nǐ kàn wǒ Hànyǔ xué de zěnmeyàng?

니 칸 워 한위 쉬에 더 쩐머이양

☑ 당신하고 같이 중국어 배우고 싶은데, 가능해요?

我想跟你学汉语，可以吗？

Wǒ xiǎng gēn nǐ xué Hànyǔ, kěyǐ ma?

워 시앙 껀 니 쉬에 한위, 커이 마

중국어 배우는 것에 대해 물어볼 때 쓸 수 있는 표현입니다. 跟은 '~와 함께'라는 의미로 뒤에 인칭대명사와 와서 사람과 사람의 관계 혹은 동작의 협동관계를 나타냅니다.

단어

觉得[juéde]
~라고 여기다

대화문

A : 당신이 보기에 제가 중국어 배우는 것 어때요?
你看我学汉语，怎么样?
Nǐ kàn wǒ xué Hànyǔ, zěnmeyàng?
니 칸 워 쉬에 한위, 쩐머이양

B : 영어도 잘하니, 중국어도 분명히 잘 공부할 거예요.
你英语好，汉语也肯定能学好。
Nǐ Yīngyǔ hǎo, Hànyǔ yě kěndìng néng xué hǎo.
니 잉위 하오, 한위 이에 컨띵 넝 쉬에 하오

A : 격려에 감사드립니다.
谢谢你的鼓励。
Xièxie nǐ de gǔlì.
씨에시에 니 더 꾸리

B : 중국어의 문법은 영어와 비슷해요.
汉语的语法和英语差不多。
Hànyǔ de yǔfǎ hé Yīngyǔ chàbuduō.
한위 더 위파 흐어 잉위 차부뚜어

A : 저는 한자를 잘하지 못해서 좀 걱정이 되네요.
我还是有点儿担心汉字学不好。
Wǒ háishi yǒudiǎnr dānxīn Hànzì xué bù hǎo.
워 하이스 여우디얼 딴신 한쯔 쉬에 뿌 하오

B : 조자법을 잘 이해하기만 하면 재미있을 거예요.
只要了解了造字法，会很有意思的。
Zhǐyào liǎojiě le zàozì fǎ, huì hěn yǒu yìsi de.
즈이야오 리아오지에 러 짜오즈 파, 후이 헌 여우 이쓰 더

단어

鼓励[gǔlì] 격려

了解[liǎojiě] 이해하다

差不多는 '차이가 크지 않다'라는 의미인데 형용사로 '어떤 일의 정도, 시간, 거리 등이 비슷하다, 큰 차이가 없다', 부사로 '거의, 대체로'라는 의미입니다.

你学汉语学了多久?

패턴 098

Nǐ xué Hànyǔ xué le duō jiǔ?

니 쉬에 한위 쉬에 러 뚜어 지우

'중국어 배운 지 얼마나 됐나요?'라는 의미입니다.
무언가를 한지 얼마가 되었는지 물을 때 쓸 수 있는 표현입니다.

1年多了。

Yì nián duō le.
이 니엔 뚜어 러

1년 정도 되었습니다.

学了1年左右的了。

Xué le yì nián zuǒyòu de le.
쉬에 러 이 니엔 쭈어여우 더 러

1년 정도 배웠습니다.

学了1年多, 最近重新开始学了

Xué le yì nián duō, zuìjìn chóngxīn kāishǐ xué le.
쉬에 러 이 니엔 뚜어, 쭈이진 총신 카이스 쉬에 러

1년 정도 배웠고, 최근에 다시 배우기 시작했습니다.

TIP

重新은 '다시, 재차'라는 의미를 가집니다. 이미 실행한 행위에 대해 불만이 있어서 다시 실행하는 경우에 사용을 할 수 있습니다.

관련표현

☑ 중국어 얼마나 배우셨어요?

你学了多长时间汉语了?

Nǐ xué le duō cháng shíjiān Hànyǔ le?

니 쉬에 러 뚜어 창 스지엔 한위 러

☑ 언제부터 중국어를 배우기 시작했어요?

你从什么时候开始学汉语了?

Nǐ cóng shénmeshíhou kāishǐ xué Hànyǔ le?

니 총 션머스호우 카이스 쉬에 한위 러

☑ 중국에 온 지 얼마나 됐어요?

你来中国多久了?

Nǐ lái Zhōngguó duō jiǔ le?

니 라이 쭝구어 뚜어 지우 러

☑ 중국어 말하시는 것이 토박이 같으세요.

你汉语讲得真地道。

Nǐ Hànyǔ jiǎng de zhēn dìdao.

니 한위 지앙 더 쩐 띠따오

마지막 문장은 중국어를 배운 지 얼마 되었는지 중국어 수준이 좋다라고 표현할 때 쓸 수 있는 표현입니다. **地道**는 '정통의, 본토의'라는 의미로 언어를 원어민처럼 한다고 표현할 때 쓸 수 있는 단어입니다.

단어

地道[dìdao]
정통의

대화문

A : 중국어 배우신 지 얼마 됐어요?

你学汉语学了多久?

Nǐ xué Hànyǔ xué le duō jiǔ?

니 쉬에 한위 쉬에 러 뚜어 지우

B : 저는 중국어 배운 지 8개월 정도 됐어요.

我学汉语学了8个多月。

Wǒ xué Hànyǔ xué le bā ge duō yuè.

워 쉬에 한위 쉬에 러 빠 거 뚜어 위에

A : 중국어 어렵나요?

你觉得汉语难不难?

Nǐ juéde Hànyǔ nánbunán?

니 쥐에더 한위 난뿌난

B : 어려워요.

很难。

Hěn nán.

헌 난

A : 듣기, 말하기, 읽기, 쓰기 중에 무엇이 어렵나요?

听、说、读、写，哪个难?

Tīng, shuō, dú, xiě, nǎge nán?

팅, 슈어, 뚜, 시에 나거 난

B : 듣기, 읽기는 비교적 쉬운데, 말하기, 쓰기가 어려워요.

听、读比较容易，说、写很难。

Tīng, dú bǐjiào róngyì, shuō, xiě hěn nán.

팅, 두 비지아오 롱이, 슈어, 시에 헌 난

단어

读[dú] 읽다

写[xiě] 쓰다

难[nán] 어렵다

比较는 일반적으로 객관적이고 중립적인 의미를 사용할 때 쓸 수 있습니다. 이와 대비적으로 비교할 수 있는 것이 **有点儿**인데 보통 부정적인 의미를 나타낼 때 쓸 수 있습니다.

패턴 099

这次考试考得怎么样?

Zhècì kǎoshì kǎo de zěnmeyàng?

쩌츠 카오스 카오 더 쩐머이양

'이번 시험 어땠어요?'라는 의미입니다.

정도보어를 써서 어떤 일에 대한 것이 어떤지에 대해 묻는 표현입니다.

考得还可以, 及格是没问题的。

Kǎo de hái kěyǐ, jígé shì méi wèntí de.

카오 더 하이 커이, 지꺼 스 메이 원티 더

시험은 그런대로 봤어요. 통과하는 것은 문제없어요.

感觉书写难。

Gǎnjué shūxiě nán.

간쥐에 슈시에 난

쓰기가 좀 어려웠어요.

恐怕不会合格的。

Kǒngpà búhuì hégé de.

콩파 부후이 흐어꺼 더

합격하지 못할 것 같아요.

TIP

及格[jígé]와 合格[hégé] 모두 시험이나 심사의 성적이 표준 점수에 도달하거나 초과한 것을 의미합니다. 及格 중간에 得了, 不了을 쓸 수 있지만 合格는 이러한 용법이 없습니다.

관련표현

☑ 이번 시험 결과 어때요?

这次考试的结果怎么样?

Zhècì kǎoshì de jiéguǒ zěnmeyàng?

쩌츠 카오스 더 지에구어 쩐머이양

☑ 이번 시험 어려웠어요?

这次考试难吗?

Zhècì kǎoshì nán ma?

쩌츠 카오스 난 마

☑ 이번 시험 전력을 다하지 못했어요.

这次考得不尽人意。

Zhècì kǎo de bú jìn rényì.

쩌츠 카오 더 부 진 런이

☑ 다음 시험에 더 분발해야겠어요.

下次考试再接再厉。

Xiàcì kǎoshì zàijiēzàilì.

시아츠 카오스 짜이지에짜이리

단어

结果[jiéguǒ] 결과

再接再厉
[zàijiēzàilì]
더욱 더 힘쓰다, 더 분발하다

시험에 대해 물어보고 답하는 표현입니다. 不尽人意는 '마음을 다하지 못하다, 생각대로 되지 않는다'라는 의미를 가집니다.

대화문

A : 이번 시험 어땠어요?

这次考试考得怎么样?

Zhècì kǎoshì kǎo de zěnmeyàng?

쩌스 카오스 카오 더 쩐머이양

B : 시험 못 봤어요.

考得不太好。

Kǎo de bútài hǎo.

카오 더 부타이 하오

A : 어떤 부분이 안 좋았나요?

哪个部分感觉考得不好?

Năge bùfen gǎnjué kǎo de bù hǎo?

나거 뿌펀 깐쥐에 카오 더 뿌 하오

B : 독해와 쓰기요.

阅读和书写。

Yuèdú hé shūxiě.

위에두 흐어 슈시에

A : 시험을 못 본 주된 원인이 뭐라고 생각해요?

你觉得没考好的主要原因是什么?

Nǐ juéde méi kǎo hǎo de zhǔyào yuányīn shì shénme?

니 쥐에더 메이 카오 하오 더 주이야오 위엔인 스 션머

B : 독해 문제가 많았고, 시간도 부족했어요.

阅读题量多，觉得时间不够。

Yuèdú tí liàng duō, juéde shíjiān bú gòu.

위에두 티 리앙 뚜어, 쥐에더 스지엔 부 꼬우

笔试[bǐshì] 필기시험 / **口试**[kǒushì] 구술시험 / **面试**[miànshì] 면접

단어

阅读[yuèdú] 독해

书写[shūxiě] 쓰기

原因[yuányīn] 원인

你能教我怎么用吗?

패턴 100

Nǐ néng jiāo wǒ zěnme yòng ma?

니 넝 지아오 워 쩐머 용 마

'저에게 어떻게 사용하는지 지도해줄 수 있나요?'라는 의미입니다.
어떤 방법에 대해 지도를 원할 때 쓸 수 있는 표현입니다.

可以，我给你说明一下。 가능해요. 제가 설명드릴게요.

Kěyǐ, wǒ gěi nǐ shuōmíng yíxià.

커이, 워 게이 니 슈어밍 이시아

你看我怎么做，你就跟着怎么做吧。 제가 어떻게 하는지 보세요. 저를 따라서 해보세요.

Nǐ kàn wǒ zěnme zuò, nǐ jiù gēnzhe zěnme zuò ba.

니 칸 워 쩐머 쭈어, 니 지우 껀저 쩐머 쭈어 바

我也不知道怎么用。 저도 어떻게 사용하는지 몰라요.

Wǒ yě bù zhīdào zěnme yòng.

워 이에 뿌 즈따오 쩐머 용

TIP

[A+跟着+B]는 'A가 B를 따르다'입니다.
跟着我来。절 따라오세요.
[Gēnzhe wǒ lái.]

관련표현

☑ 이것 사용하는 방법을 알려줄 수 있나요?

可以告诉我这个使用方法吗?

Kěyǐ gàosu wǒ zhège shǐyòng fāngfǎ ma?

커이 까우수 워 쩌거 스용 팡파 마

☑ 어떻게 사용하는지 가르쳐줄 수 있나요?

可以请教你一下怎么用吗?

Kěyǐ qǐngjiāo nǐ yíxià zěnme yòng ma?

커이 칭지아오 니 이시아 쩐머 용 마

☑ 저에게 가르쳐줄 수 있나요?

可以麻烦你教我吗?

Kěyǐ máfan nǐ jiāo wǒ ma?

커이 마판 니 지아오 워 마

☑ 이해했습니다. 가르침에 감사드립니다.

我懂了，谢谢你教我。

Wǒ dǒng le, xièxie nǐ jiāo wǒ.

워 똥 러, 씨에시에 니 지아오 워

잘 모르는 것에 대해 물어보고 상대의 호의에 감사하는 표현입니다. 教는 '가르치다'라는 의미를 가지는데 教는 1성과 4성으로 표기를 할 때가 있습니다. 단독으로 쓰일 때는 1성으로 표기가 되지만 教가 포함되어 결합된 단어로 쓰일 경우 4성으로 표기를 하게 됩니다.

단어

使用[shǐyòng]
사용하다

대화문

A : 제가 어떻게 사용하는지 가르쳐줄 수 있나요?

你能教我怎么用吗?

Nǐ néng jiāo wǒ zěnme yòng ma?

니 넝 지아오 워 쩐머 용 마

B : 가능해요, 이 앱은 매우 유용합니다.

可以，这个应用软件非常好用。

Kěyǐ, zhège yīngyòng ruǎnjiàn fēicháng hǎo yòng.

커이, 쩌거 잉용 루안지엔 페이창 하오 용

A : 어디에서 이 프로그램을 다운받을 수 있어요?

在哪儿下载这个软件？

Zài nǎr xiàzǎi zhège ruǎnjiàn?

짜이 날 시아짜이 쩌거 루안지엔

B : 우선 앱 상점에 들어가서 바이두번역을 입력하시면 돼요.

你先进“应用商店”输入“百度翻译”

Nǐ xiān jìn “yīngyòng shāngdiàn”shūrù “bǎidù fānyì”.

니 시엔 진 잉용 샹디엔 슈루 바이두 판이

A : 그런 다음에는요?

然后呢？

Ránhòu ne?

란호우 너

B : 핸드폰 바탕화면에 넣으면 돼요.

把它放在手机桌面上。

Bǎ tā fàng zài shǒujī zhuōmiàn shang.

바 타 팡 짜이 쇼우지 쭈어미엔 샹

단어

下载[xiàzǎi]
다운받다

翻译[fānyì] 번역

教[jiāo]는 단독으로 쓰일 경우는 1성으로 쓰이지만 두음절의 단어로 사용이 될 경우는 4성으로 표시하게 됩니다. 教室[jiàoshì], 教师[jiàoshī]

복습하기 [패턴 091-100] 학습

★ 091 문제 있나요?
有问题吗?
Yǒu wèntí ma?

★ 092 중국어 할 줄 아시나요?
你会说汉语吗?
Nǐ huì shuō Hànyǔ ma?

★ 093 어떤 수업을 듣고 싶나요?
你想听哪门课?
Nǐ xiǎng tīng nǎ mén kè?

★ 094 중국어를 듣고 이해할 수 있나요?
汉语你听得懂吗?
Hànyǔ nǐ tīngdedǒng ma?

★ 095 오늘 몇 과목 수업이 있어요?
你今天有几节课?
Nǐ jīntiān yǒu jǐ jié kè?

★ 096 이번 학기 몇 학점 수업 들어요?
你这学期听多少学分的课?
Nǐ zhè xuéqī tīng duōshao xuéfēn de kè?

★ 097 당신이 보기에 제가 중국어 배우는 거 어때요?
你看我学汉语，怎么样?
Nǐ kàn wǒ xué Hànyǔ, zěnmeyàng?

★ 098 중국어 배운 지 얼마나 됐나요?
你学汉语学了多久?
Nǐ xué Hànyǔ xué le duō jiǔ?

★ 099 이번 시험 어땠어요?
这次考试考得怎么样?
Zhècì kǎoshì kǎo de zěnmeyàng?

★ 100 저에게 어떻게 사용하는지 지도해줄 수 있나요?
你能教我怎么用吗?
Nǐ néng jiāo wǒ zěnme yòng ma?